教えて！　校長先生

渋谷教育学園はなぜ共学トップになれたのか

田村哲夫
渋谷教育学園理事長

543
中公新書ラクレ

「教えて！ 校長先生」発刊にあたって

「幸せな人生を歩んでほしい」。わが子にそう願わずにいられないのが親の常です。

小学校、中学校、そして高校へと進学するに連れ、子どもは学校で過ごす時間が長くなります。親だけでなく、先生、友達、先輩や仲間といった人たちとの関わりを通じ育っていきます。

なかでも中学高校の6年間は、反抗期や思春期と呼ばれ、子ども自身も、見守り支える親も難しい時期。しかも小学校高学年からは、点数をもらうだけでなく、順位づけられ偏差値で学力が測られるようにもなります。

「グローバル人材」「英語教育」「入試改革」「キャリア教育」「大学教育改革」「不登校」「若年無業者」「若年非正規雇用」「世界大学ランキング」といった言葉とともに目に飛び込んでくるさまざまな教育情報は、明るいものばかりではありません。

どんな未来になろうとも、わが子には、自信を持って生き残っていける力を備えさせてやりたい。そのために、思春期の子どもにはどんな経験をさせ、何を身につけさせたらよいのか。今、必要な学びとは何なのか。大人になって一人で生きていく前に、親は子どもに対しいったいどのような準備をしてやったらよいのか、何ができるのか。

本書ではこのような保護者の関心をふまえて、思春期教育の現場にいる校長先生にこの年頃の男女の育て方について知っておいたほうがよい点を教えていただきました。

「渋谷教育学園幕張中学校・高等学校」と「渋谷教育学園渋谷中学高等学校」は、私立の中高一貫の共学校で男女の仲がよいこと、校風が自由であること、比較的新しい学校であること、東京大学の合格者数が急増したことなどの共通点があります。加えて、両校とも、高校卒業後すぐに英米の名門大学に進学する生徒を先駆け的に輩出してきました。本書をご覧になれば、どのようにして両校が共学トップ校になったか、その秘密がわかるはずです。

学校は勉強をするところ。しっかり学ぶことは必要ですが、勉強をするだけの場所ではありません。では、学校とは子どもにとってどんなところなのでしょうか。そんな内容も本書には含まれています。

渋幕と渋渋という学校に関心をお持ちの保護者だけでなく、子どもの健やかな成長を願うすべての方に向けて、両校の教育のポイントをまとめた一冊です。

編集部

はじめに

昼休み、生徒たちが男女仲よく、図書館棟の前を駆け回っています。

この図書館棟は、私ども渋谷教育学園幕張中学校・高等学校の創立30周年メモリアルタワーとして２０１３年（平成25年）に竣工したものです。東日本大震災当時、建築中でしたが、強固な耐震設計で蔵書５・５万冊を誇ります。

この30周年記念のお祝いとして、教職員から私の銅像を寄贈いただき、この図書館棟の真ん前に設置されました。背丈も本人とちょうど同じくらい。私は照れくさいのでお断りしたかったのですが。

生徒たちがこの場所で遊ぶ理由は、もしかしたら「銅像に触ると志望校に合格する」なんていう御利益が噂されているせいかもしれません。

銅像効果があったかどうかはさておき、２０１４年春、生徒たちが非常に奮闘してくれて、大学入試の合格実績は学園全体としても非常によいものでした。たとえば渋幕では医学部医学科が3桁、京大ははじめて2桁、京大医学部に現役合格したのは学校史上初のこと。

学校の経営母体となる学校法人渋谷教育学園としては、2014年がちょうど創立90周年にあたる節目の年だったため、「東大に渋幕・渋渋の合計で90人行けるといいね」と内輪で話していたのですが、惜しくも89人の合格者でした。

その創立90周年を記念する式典および祝賀会を2014年11月に開催したところ、4000名以上の皆様のご参加をいただいて、あらためて本校の歩みを振り返るとともに未知の未来に向けて新たなる一歩を踏み出す力をいただきました。

そこで、この節目に、本書を執筆する決意をした次第です。

そして2015年の今年、渋谷教育学園渋谷中学高等学校が創立20周年を迎えました。両校ともますます飛躍する予感がいたします。

公立王国といわれた千葉県で、新設校から県内トップ校にのぼりつめた渋幕。

女子校だった学校を、共学化して進学実績を飛躍的に高めた渋渋。「渋幕・渋渋の奇跡」と言われることがあるように、両校のイメージは、いわゆる新興の進学校であることを私は否定しません。

しかし、両校の歩みを振り返るにつけ、教育なかんずく学校運営というものは「奇跡」の一言ですませることができるものではありません。

その思いを込めて、私は90周年式典にあたり、次のような老子の教えを紹介しました。

九層之臺
起於累土
千里之行
始於足下（老子　第六十四章）

直訳すると、「九層の高殿も、はじめはわずかの土を積み上げて作ったものである」という意味で、小さな努力の積み上げで、はじめて大をなすという意味です。

学園創立90周年にあたって私が今責任として強く心に思っているのは、「これからの学園の方向を慥《たしか》にする作業」です。

私たちがこれまで取り組んできた教育は、「王道」を歩んでいるものと自負しています。

私たちに、「進学実績だけ高めればいい」という意識は決してありません。

生徒も勉強だけすればいいというのではなく、共学校ならではのよさを満喫し、男女仲よく学校生活を楽しんで過ごそうという雰囲気に満ちています。それは、ある教育評論家の方から「特筆すべきは男女の仲のよさ」と評価していただいたことがあったほどです。

そして「自調自考」という校是に象徴されるように、グローバル時代にふさわしく、変化に対応できる人材を育てるべく常に研鑽《けんさん》を怠りません。（私立の中高一貫進学校として）SGH（スーパーグローバルハイスクール）にあえてチャレンジするなど、受験という観点から見たら決して効率的とはいえないことにも真剣に取り組む学校です。

本書は、立ち上げから現在にいたるまで、私の学校運営の歩みを振り返りながら、これからの時代に求められる教育像、人材像をお伝えするものです。その際、私が注意喚起したいのは、今後ますます急速に激しく表れてくるであろう「社会、時代の変動」や、アカデミズムが明らかにしつつある「人間の発達段階の特徴」に配慮すべきだということです。それこそが、（当学園はもちろん）日本の教育の姿を決定していくものになるでしょう。

教育関係者、保護者の皆さんはもとより、ぜひ一人でも多くの方々にご覧いただけると幸いです。

目次

「教えて！　校長先生」発刊にあたって　3

はじめに　5

1章　「渋幕・渋渋の奇跡」――なぜ急成長を遂げたのか？　13

資料1　数字で見る「渋幕・渋渋の奇跡」　37

2章　「自調自考」が子どもを伸ばす――建学精神をめぐって　43

資料2　校長講話年間スケジュール　71

3章　渋幕ライフ、渋渋ライフ　77

卒業生インタビュー1　立川志の春さん（落語家）　105

4章　私はなぜ教育者になったのか——生い立ちを振り返る　115
卒業生インタビュー2　水卜麻美さん（日本テレビ・アナウンサー）　149
5章　グローバル社会を生き抜く力とは?　159
卒業生インタビュー3　平野拓也さん（日本マイクロソフト代表執行役 社長）　179
6章　次世代のための道徳教育　189
卒業生インタビュー4　中村美里さん（女子柔道選手、北京オリンピック銅メダリスト）　205
7章　これからの教師像　211
卒業生インタビュー5　田中マルクス闘莉王さん（サッカー選手）　225

8章　お父様方へのメッセージ　231

資料3　世界一聞きたい朝礼――校長講話ドキュメント　247

おわりに　258

本文ＤＴＰ・図表作成／市川真樹子

1章

「渋幕・渋渋の奇跡」

――なぜ急成長を遂げたのか？

「葦の原」からのスタート

1982年（昭和57年）の初夏、工事の無事を祈願する地鎮祭のために、渋谷教育学園幕張中学校・高等学校の建設予定地に佇《たたず》んだ私の胸の内には、夢と希望とやる気が満ちていました。目の前に広がる現在の千葉市美浜区若葉、当時千葉県企業庁の造成により文教地区としての整備が進められていた幕張A地区は、まだ一面葦《あし》の原でした。

それから33年の月日が過ぎ、1983年（昭和58年）の高校創立当時、47歳だった私も今年（2015年）79歳です。86年（昭和61年）創立の中学校は来年、創立30年目を迎えることになります。今回この本を執筆するにあたり、創立当時の資料をひもときました。

校内報の「えんじゅ」第1号に、入学式で式辞を述べる校長の私の写真が掲載されていますが、それはもう若い、若い。若さゆえに、失敗をおそれず夢に向かってチャレンジできたのだな、としみじみ感じ入ったものです。

83年4月5日に行われた高校の入学式の校長式辞で、私は第1期生に向かって、次のように話しかけました。

「本校の校歌のなかに『自調自考の学舎に、青春の日々刻まんと集いし我ら若人よ』という一節があります。これこそ諸君1回生から始まって永遠の歴史を刻もうと歩み始めた幕張高等学校生の永久に流れる精神の表明であります。

この校歌を声高らかに歌うとき、幕張高校に学んだ者は、心の故郷としてこの学園を思い出し心が躍ることでしょう。今は実感できないでしょうが、いずれ必ずそうなって幕張高等学校の伝統が築かれていくのです。

創立のこの地はかつて海でした。地球上に存在するあらゆる生命の源は海であると科学者たちは証明しています。その海だった地に新しい生命の永遠の命を刻もうとする学校が、ここに生まれようとしています。その主役は、記念すべき1回生である諸君たちのこれからの学生生活なのです」

若気の至りといいますか、とても前のめりで、大仰な表現が目に付き、お恥ずかしい限りです。ただ、新しい理想の学校づくりに懸けた、私の熱い思いだけは十分理解していただけると思います。

開校後初の入学式で式辞を述べる著者（校内報「えんじゅ」第１号より）

葦の原だった頃の幕張

現在、渋幕で副校長を務める長男（当時・中学生）の思い出を聞くと、当時の私はハイ状態で、家庭内では苦労話をするのではなく、「学校はこうあるべきだ、これからの時代はこうあるべきだ、教育とはこういうものだ」といったことを話していたようです。

初心忘るるべからずと言いますが、創立当時の思いを忘れないよう、まだ校舎の周りが葦の原だった頃の幕張の様子を写したモノクロ写真が学校のエントランスに掲示されています。

「共学」にこだわった理由

そもそも東京で私立校の運営に携わっていた私が、なぜ千葉に共学の中高一貫校を設立するにいたったのか、その点についてお話ししようと思います。

先ほど、渋谷教育学園幕張高等学校の創立が83年、同中学校の創立が86年と記しましたが、学校の経営母体となる学校法人渋谷教育学園も２０１４年に、創立90周年の節目の年を迎えたことは「はじめに」でご紹介したとおりです。この90年の学校法人の歴史は、おおざっぱに分けて三つの時代に括ることができます。

最初の30年は、戦前の帝国憲法のもと、女子校運営を行っていた時代。

次の30年は戦後の新憲法のもと、男女平等が謳われながらも、実質戦前の男尊女卑の風潮が色濃く残っているなかで女子校運営が行われていた時代。

そして、最後の30年が共学渋幕の時代、そして96年に渋谷教育学園渋谷中学高等学校として装いを新たに再スタートを切った、いわゆる共学渋渋の時代です。

私は渋幕を開校する21年前の62年（昭和37年）に、それまで勤めていた銀行を退職し、渋谷教育学園の運営に加わりました。そのあたりの経緯は、項をあらためて詳しくご説明します。70年（昭和45年）、理事長だった父・國雄が亡くなり、私がその跡を継ぐことになりました。

実は、それまでも一理事として感じていたことなのですが、法人トップの理事長となってさらに、「女子教育」の限界を強く感じるようになりました。

先に記したように、戦後の30年は戦前の男尊女卑の風潮が色濃く残っていました。高度経済成長の恩恵にもあずかり、夫が外で稼いで、妻は家で子育て・家事に従事するというスタイルが日本の家庭において典型的でした。

しかし、男女平等の意識の向上は世界の潮流です。欧米諸国が先行してその理念を実現していくあとを追うように、わが国でもその意識が高まってきます。さらに経済成長が頭打ちになることで、貴重な労働力として女性の社会進出を求める声も盛んになりました。86年には、男女雇用機会均等法が施行されます。

それまでの「良妻賢母」を育てる女子教育から、自立し社会で活躍する女性を育てる、新しい時代にマッチした女子教育への転換も考えましたが、私自身、学校運営に携わってすぐの時期に、定時制の高校の教壇に立ち、男子の生徒も教えた経験があります。男子の生徒とは、同性ということもあって、いろいろと相談を持ちかけてくれたりして、とても親しく付き合うことができました。その経験があまりにも強く心に印象づけられていたので、男子の教育もしてみたいと思ったのです。そして、この印象が強く働いて「共学中高一貫校」を創設しようということになりました。

なぜ幕張の地を選んだのか？

学校設置の候補地としては、千葉の幕張のほかに埼玉にも1箇所ありました。どちらを選んだほうがいいかと比較した際、幕張を選ぶ決め手となったのは文教地区としての将来性でした。冒頭にも記しましたが、当時幕張は、一面葦の原でした。最寄り駅は、歩いて16分の総武線幕張駅で、京葉線の海浜幕張駅の開業は86年、高校の開校から3年待たなくてはなりません。

ところが私が視察に訪れたときには、すでに放送大学の本部棟が建っており、開校へ向けての準備が進められていました。また千葉県の総合教育センターの建設が予定されており、さらに、現在隣にある昭和学院秀英中学校・高等学校と神田外語大学が進出を検討しているというお話も聞きました。それらの教育関連の諸施設が、この葦の原に立ち並ぶ姿を頭に思い浮かべてみたとき、幕張での設置を決意したのです。

それから30年あまり、幕張の街は私の予想をはるかに上回る発展を見せ、文教地区としてはもちろんのこと、幕張メッセをはじめとするコンベンション・センターを抱える商業地区としての地位をも獲得しています。今、私が校長を務める渋幕もその仲間に加わることができ、大変光栄な思いでいっぱいです。

千葉県教育委員会からのさまざまな「指導」

東京の私学経営に携わってきた私が、千葉で学校を作るという段になり、いちばん驚いたのは、千葉県の教育委員会のチェックの細かさでした。東京都では、私立校が全体の学校数の4割近くを占めます。学校数が多いものですから、東京都では私立がどういう計画を立てようが、学校側がきちんと報告すれば、細かい説明は求めてきません。

ところが千葉県では、計画を細かくチェックし、説明を求めてきます。これには驚かされました。もちろん学校を一つ作るのですから、そう簡単なこととは思ってはいません。ただ、行政がそこまで細かく口を出してくるとは、想像もしていませんでした。

もちろん強制する権限はありませんから、「指導」という形で口を出してくるのです。逆にそのことを知らなかったのが、よかったのかもしれません。もし、それを知っていたら、千葉に学校を作ろうと思わなかったかもしれません。

県の職員の方の求めに応じ、何度も計画書を持参して、新しい学校の概要を説明しました。最初に学校の設計図をお見せしたところ、担当者が「これは何ですか？」と聞きます。「これは講堂です」と言いますと、担当者は「講堂なんて要るのですか。県立千葉高校にもこんな立派な講堂はありませんよ」とおっしゃるのです。

ところが私たちは、自分たちの理想とする学校を作ろうとしているのでして、県立千葉高校と同じ学校を作るつもりは毛頭ありません。それに対して、県の担当者は「県立千葉高校に準拠した学校を作ればいい」というお考えでした。これには、カルチャー・ショックを感じました。

二つの幕張高校？

学校を立ち上げたあとにも、このようなことがありました。開校から6、7年経った頃でしょうか。千葉県の公立高の統廃合が計画されました。それで渋幕の近隣の学校のいくつかが統廃合されることになり、県の担当者がその内容を説明に来られました。開設間もない私立校にわざわざ説明に来る必要はないのですが、ご説明にみえるというので、お話を聞きました。

そこでまた驚かされたのは、統廃合して新しくできる学校の名前を「幕張高校」にすると言うのです。びっくりした私は、「いくら公立と私立との違いはあっても、同じ名前を付けていいのですか」とお聞きしました。すると県の担当者は、「何か問題はありますか？」とおっしゃいました。

実は、私たちは学校を開く前に、「学校法人渋谷教育学園幕張高等学校」という名前を商標登録していたのです。これは慶應とか早稲田とか、ブランド力のある学校はどこもしていることで、私たちもそういった学校をめざすという意気込みで商標登録しました。

これを聞いて、今度は県の担当者が驚きました。それがもし本当なら、「幕張高校」と名付けることは、商標登録侵害にあたります。県の教育委員会としては、校名の件は決定事項として、担当者から本校に伝えさせたわけです。私たちが不満を抱いても、最後は折れるだろうと思っていたのでしょう。

ところが、いざ法律問題が生じるとなると、話は別です。一度決めた校名を、また考え直さないといけません。そういった事態が起きるとは、県の教育委員会は想定していなかったでしょう。

しばらくして、再び県の担当者がやって来て、「新しい高校の名前は、幕張総合高校とします」とご報告されました。少し似ているけれど、やむを得ないかなと思い、「どうぞ、それでお願いします」とお答えしたのですが、「商標登録」をしておいてよかったとつくづく感じました。

千葉県関係者からの評価が変わった

千葉県の教育関係者の方にとっては、東京から得体のしれない学校がやってきた、というくらいの意識だったのかもしれません。当時、私は東京で渋谷女子高等学校という女子校を運営していましたが、千葉県の関係者にとっては、「何、その学校」という感じだったのでしょう。それから30年以上が過ぎ、随分本校を見る目も変わってきたように感じられます。

最近では次のようなことがありました。

２０１４年度、文部科学省は国際的に活躍できるグローバル・リーダーの育成を図る「スーパーグローバルハイスクール（ＳＧＨ）」事業をスタートさせ、初年度は全国の国公私立56校を指定校として選びました。千葉県では県立校もエントリーしていたのですが、残念ながら選ばれず、唯一選ばれたのが渋幕でした。ちなみに東京都では、渋渋も選ばれており、同一学校法人で２校同時に選ばれました。

それまで県のＳＧＨ担当は、教育委員会に１人いたのですが、私どもが選ばれてから、私立校を担当する学事課に移りました。理由を聞いたところ、「私立の学校がＳＧＨに選ばれたから」という返答でした。その担当者は、当校でＳＧＨの評価委員会が開かれたときにも、出席してくださいました。「われわれ渋幕もようやく県から認められたのだな」と感じられた出来事でした。

「千葉県で随一の進学校を作る」という理想

話が脱線しましたが、渋幕開設当時の話に戻りましょう。

学校を新設するうえで、まず大事なことは生徒募集です。最初の生徒募集で、どのような生徒を集めることができるかによって、学校運営のあり方が違ってきます。

渋幕が開校した83年は、公立で9校、渋幕を含め私立で5校が新規開設されるという、千葉県にとって異例な年でした。そうでなくても、新規の開校時には生徒募集に苦労するのに、他に13校も新規開設されるとなると、それはもう大変どころではありません。もちろん、生徒数の増加という背景があっての、新設ラッシュなのですが、東京からの進出組であるわれわれにとっては、大きなハンデでした。

生徒募集をするにあたり、まずどのような子どもたちをターゲットにするか、決める必要があります。いわゆるマーケティングです。私は千葉での新規開設を思いついたときから、「千葉県で随一の進学校を作る」ということを最大の目標として掲げていました。

まず、高校からの開設だったので、地元の公立中学校を回って、ご挨拶をするとともに、渋幕という学校の説明をさせていただきました。とくにグローバル時代に活躍する人材の養成を目標とした三つの教育理念、「自調自考」「高い倫理感」「国際人としての資質」については丁寧に説明して回りました。そして当初から帰国生教育を生徒募集目標に加えていました。

初年度から倍率10倍に

学校回りと同時に、周辺の高校についての情報収集と分析を徹底的に行いました。結果、これが功を奏したと思っています。周辺の高校の生徒が、どの中学からどれだけきているかとか、どの地域にどのくらいの生徒が住んでいるかとか、あとはどのような入試を行っているかを徹底的に調べて、その分析結果をもとに生徒募集を行ったのです。

その結果、初年度男女合わせて350人の募集に対して、事前の予想をはるかに上回る、約4000人の受験生を集めることができました。この実績こそが、当時のわれわれの学校の教育目標と分析が的確だったことの立派な証でしょう。

この受験生の数はうれしい誤算ではありましたが、予期せぬ苦労を招くことにもなりました。私は、1回目の入学試験は、どうしても自前の校舎で実施したいと思っていました。ところが、入試を行う時点では、校舎の全部は完成しておりません。そこで、近くの幕張南小学校にご協力をお願いして、体育館を試験会場としてお借りすることにしていました。

ところが、４０００人も受験生が集まったために、それでも収容しきれません。それでやむを得ず、午前と午後と2回に分けて実施することにしたのです。午前と午後のそれぞれの受験生が接触しないよう、体育館とグラウンドを利用して、うまく入れ替えることができたのですが、まさに綱渡り状態です。

午後の受験生はグラウンドで待機してもらったのですが、当日雨だったらどうしよう、受験生に風邪でもひかせたら大変だと、やきもきしたものです。

その年、同時に新設された私立の5校のうち、3校は定員に達しませんでした。一方で、渋幕は10倍を超える倍率です。千葉県の関係者は驚いたでしょうし、当の私たちも驚かされました。

管理教育へのアンチテーゼ

このように渋幕が初年度から人気を集めたのには、当時の千葉県の公立校のありようが関係していると思われます。当時の文部省（現文部科学省）の考えでは、とくに公立校においては管理教育が主流で、学校が教育の中身を決めて、そのとおりに生徒を従わせるということが行われていました。

小学校で、まず地域の子どもたちを集めて、その学校らしく統一する。いくつかの小学校が集まる中学でも、方針を決めてそれに沿って生徒を統一する。鋳型《いがた》にはめるといってもよいかもしれません。それが義務教育だと信じられており、実践されていました。

私立が比較的強い東京や神奈川以外の地区では、勉強のできる生徒は県立を志望し、県立校のなかでも序列が決まっていました。当時そういった管理教育の気風がもっとも強かったのが、千葉、愛知、福岡の3県だったのです。

千葉県の場合、その県立高校のトップに立つのが県立千葉高でした。私はこのヒエラルキーを打ちこわすことで、千葉県から一層優秀な人材を輩出できると思いました。怖いもの知らずというのでしょうか。せっかく千葉に学校を作るのだから、千葉の人たちのお役に立ちたい、そのために自分ができることは、そういった閉塞感漂う千葉の教育界に新風を吹き込むことだと思ったのです。

また高校生の修学旅行先に中国本土を選び、その後の中高一貫教育のなかでは中3で2週間ほどかけるニュージーランドホームステイを実施するなど、30年前では珍しい国際理解教育に基づく学校行事を実施してきました。

これらの行事は何しろ日本でははじめてのような行事ばかりでしたので、私（校長）が先頭に立って事前に現地研修を行いました。大変なつかしい思い出です。

なお、渋渋では中3でオーストラリアにホームステイしますが、これらアジア・オセアニアにおける英語圏の国を選んだのは今にして思えば大正解であったと考えています。

話を元に戻します。自由な発想で、自由な行動をする子どもたちを集めて、それを学校の特徴にしようと思いました。各種行事の現地集合・現地解散など、すでに東京の私立校ではふつうに取り入れていましたが、当時の千葉の公立校では「危険だ」との理由で、学校に決められたパターンの行程でしか行われていませんでした。それでは人材は育たないと思ったのです。

千葉県の保護者の方のなかには、そういった地元の公立校の風通しの悪さに不満を感じる方もいらしたのでしょう。そこに「自由な校風」を謳う渋幕という新設校がぽっと現れ、もともと千葉県の公立校に不満を抱いていた保護者の方の期待が寄せられた（自由な校風については「渋幕的自由」と言われており、次章で詳しくご紹介します）。その期待に運よく応えることができたことで、さらに人気が高まり、進学実績もあがっていったというのが、渋幕の初期の頃の歴史でしょう。われわれも努力しましたが、天も味方してくださった。感謝の念に堪えません。

校則はいらない

また、これもよく知られていることですが、渋幕・渋渋には禁止事項を羅列するような校則はありません。してよいこと、よくないことは、すべて生徒の自主判断に任されています。

ところが、開学当時に生徒に配布された「入学の心得」というパンフレットには、それはもうこと細かに、学校生活における行動や服装などについての決まりごとが記されています。

たとえば、「授業のため先生がこられたら、すぐ腰掛の横に立って号令係の号令で一斉に礼をし先生の合図を待って着席しよう」とか、「授業中、先生から指名されたときは、すぐ『ハイ』と返事をして立って答えよう」といった具合にです。

また服装については、「(女子の) スカートはひざ上にならぬように。またロングにもならぬように。折り返しは8センチが普通です」「(男子の) ズボンは、ラッパ、マンボにならぬように」とあり、髪型については、「高校生にふさわしい髪型にしよう」と、男子の「スポーツ刈り」「坊ちゃん刈り」、女子の「おかっぱ」「おさげ」などがイラスト付きで紹介されています。

ただ、そのようにこと細かくルールを決めた「入学の心得」を配布はしましたが、実際に学校で運用する際に、「(そこに書かれてある) ルールどおりでないからダメ」というような、厳格な適用の仕方はしませんでした。当時の千葉県は、全国でも指折りの管理教育が厳しい風土がありました。多分に県の教育委員会、他の公立校、保護者の方を意識したパンフレットでしたが、じき「渋幕的自由」という校風が知られるようになってからは、校則のような類は一切なくしました。

このパンフレットは、当時の公立校の校則をもとに作成したものなのですが、その項目の一つに、「学校の内外を問わず喫煙、飲酒、シンナー、ボンド、薬物等身体の成長を阻害する行為及び暴力行為をしない」とあります。校則に定めるまでもなく、人としてしてはならないことです。それをあえて校則に書くこと自体、ナンセンスです。

東大合格者数の伸び

渋幕の開校から33年目を迎えた今年春、うれしい出来事がありました。この学校を創設するにあたり、私は「自分の母校の麻布高校に負けない学校にしよう」という個人的な思いを胸の内に秘めていました。校風は私の願ったように、麻布のような自由な雰囲気で、今では自由な気風にあふれる学校になりました。

そして、2015年春（2014年度）の東大合格実績で、はじめて麻布を抜くことができたのです。麻布の合格者82人に対して、渋幕が56人、渋渋が33人で合わせて89人でした。これには感慨深いものがありました。

ここで誤解されると困るのですが、私たち渋幕・渋渋では、生徒に「東大に進学しなさい」というような指導の仕方は一切行っていません。生徒の進路希望を可能な限りかなえてあげる、というのが私たち教員の使命だと思っています。

東大の合格者数の多さは、生徒の進路希望を実現してあげているという意味で、教員にとっては大変誇らしく、何ら後ろめたい気持ちはありません。

ただ、この話に関連して、いつも申し上げているのは、「私どもは、東大進学をめざす生徒ばかりの学校ではありませんよ」ということです。実際、毎年、必ず相当数の芸術系の大学に進学する生徒がいます。また、海外大学への進学者も最近は増えています。これはあくまでも、生徒の進路希望をかなえてあげるといった学校の基本方針があるから可能なのです。

渋幕の東大の合格者数については、98年春卒の13期ではじめて合格者数が2桁に達し、17期で県立千葉高を抜いて県内トップになり、以来その地位を維持しています。13年春卒の28期がこれまでで最も多く、61人が合格しています。

なお、２００８年に、県立千葉高校は敷地内に千葉中学を併設し、中高一貫教育を始めました。公立トップが中高一貫校を始めたことは教育界で大きな話題になり、なかには「東大合格者数で渋幕に抜かれたショックが引き金になった」なんていう報道も見かけました。

ただ、実際には千葉中学の志望者と、本校の志望者の重なりはそれほど多くないようです。中学受験における本校の志望者は、都内各校の志望者との併願が多いのです。

伝統校に追いつけ追い越せ

東大の合格者数がコンスタントに2桁を超えるようになった頃でしょうか。「東大合格の実績だけが、学校の評価ではない」という、ある進学校の校長先生のコメントを聞いて、「早く私どもも、そのようなことが言えるようになりたい」と思ったことがあります。

そういうことが言えるのは、開成、麻布、桜蔭といったような、50年、100年の歴史があり、進学実績も継続して残している学校の関係者だけでしょう。私どものように、できてまだ30年あまりの学校では、おこがましくて、とてもそのような言葉は口にできません。

とはいえ、先ほども記しましたように、渋幕・渋渋の2校を合わせてではありますが、今年、目標としていた麻布を東大実績で上回ることができました。そういった伝統校の足元に、なんとか辿りつくことができたかなというのが実感です。

ただ、学校の歴史については、いくら頑張っても追いつけるものではありません。明治28年（1895年）創立の麻布と渋幕とでは、88年の歴史の差があります。これは埋めようがありません。もし、本校が伝統校と呼ばれるようになるにしても、半世紀も先です。

では、それらの伝統校に負けないために、どうすればいいか。やはり、開校時に掲げた三つの教育理念、「自調自考」「高い倫理感」「国際人としての資質」を愚直に貫くしかありません。とくに第一に掲げた、自ら調べ、自ら考える、「自調自考」の精神は、グローバル化が極度に進んだ現代において、さらにその重要性を増しているように感じます。

幸い、あとを託す体制も十分整っております。渋幕・渋渋においては、私の理念をしっかりと受け継いでくれる人材が、副校長として現在、学校業務に携わってくれています。渋幕では長男の田村聡明が、渋渋では長女の高際伊都子が、私に代わり実際に学校業務をとりしきっています。私学には建学の精神があり、それをリレー競技のバトンのように、着実に後の代に引き継いでいかなければなりません。当校のシンボルともいえる「自調自考」の精神とともに、渋幕・渋渋の両校がさらに発展していくことを信じてやみません。

資料1 数字で見る「渋幕・渋渋の奇跡」

❶ 国内主要大学合格実績の伸び

入試年度		1995	2000*	2005	2010	2015
東京大学	渋幕	3	13	38	47	56
	渋渋	—	1	4	10	33
一橋大学	渋幕	2	4	13	12	18
	渋渋	—	0	3	5	10
東京工業大学	渋幕	4	5	10	6	13
	渋渋	—	0	0	3	3
国公立大学医学部医学科	渋幕	3	12	11	26	46
	渋渋	—	1	3	5	22
早稲田大学	渋幕	53	90	195	173	199
	渋渋	—	13	47	91	109
慶應義塾大学	渋幕	27	65	101	149	156
	渋渋	—	13	32	43	75

注）現役・浪人生の合計
＊渋渋は第１期生が卒業した2002年の実績

❷ 渋幕生の海外大学への合格状況（2013〜2015年）

現役合格数　　合計75（一般生32　帰国生43）

U.S. Research Universities	計 41
Princeton University	3
Harvard University	1
Yale University	3
Brown University	1
Washington University in St. Louis	1
Cornell University	2
Emory University	1
University of California, Los Angeles	1
University of Michigan —— Ann Arbor	2
New York University	1
Georgia Institute of Technology	2
Case Western Reserve University	1
University of California, Davis	2
University of California, San Diego	2
University of California, Santa Barbara	1
University of Illinois at Urbana-Champaign	2
University of Wisconsin —— Madison	1
University of California, Irvine	3
The George Washington University	1
University of Texas at Austin	1
Syracuse University	1
Purdue University —— West Lafayette	1
University of Minnesota —— Twin Cities	1
University of California, Santa Cruz	1
University of Colorado Boulder	1
University of Denver	1
Florida Institute of Technology	1
Pace University	1
Pennsylvania State University	1

U.S. Regional Universities	**計　6**
Belmont University	1
Millikin University	1
Baldwin Wallace University	1
Oklahoma City University	1
Nazareth College	1
Fashion Institute of Technology	1
U.S. Liberal Arts Colleges	**計　17**
Williams College	2
Amherst College	2
Middlebury College	1
Pomona College	1
Carleton College	1
Macalester College	1
Bryn Mawr College	1
Illinois Wesleyan University	2
Knox College	1
Ohio Wesleyan University	1
Washington College	1
Wesleyan University	2
Holy Cross College	1
U.S. Speciality Schools	**計　2**
Berklee College of Music	1
American Musical and Dramatic Academy	1
Singaporean College	**計　2**
Yale-NUS College	2
Canadian Universities	**計　2**
University of British Columbia	1
University of Toronto	1
Australian Universities	**計　4**
Sydney University	1
Trinity College - The University of Melbourne	2
Monash University	1
Hong Kong University	**計　1**
香港科技大学	1

❸ 渋渋生の主な海外大学への合格状況（2007〜2015年）

Research Universities	
U.S.A	
Harvard University	4
Princeton University	3
Yale University	3
Columbia University	3
Cornell University	1
Johns Hopkins University	1
Massachusetts Institute of Technology	1
The University of Chicago	1
University of Pennsylvania	3
New York University	3
Tufts University	3
Boston University	4
Brandeis University	1
Fordham University	4
Purdue University	1
Stanford University	1
University of Washington	5
University of California, Santa Barbara	4
University of California, Berkeley	2
University of California, Los Angeles	2
Canada	
University of Toronto	4
The University of British Columbia	3

Liberal Arts Colleges	
U.S.A	
Boston College	2
Canisius College	1
Smith College	3
Swarthmore College	2
Wellesley College	2
Wesleyan University	2
Carleton College	1
The College of Wooster	8
Grinnell College	5
Kenyon College	2
Occidental College	1
Pomona College	1
Canada	
Mount Allison University	2
U.K.	
Cardiff University	1
University of the Arts London	1

2章

「自調自考」が子どもを伸ばす

——建学精神をめぐって

エリート教育？

伝統校のなかには、「エリート教育」を謳う学校があります。一見、私どもの学校も、エリート教育をめざしていると誤解されがちですが、そのようなことは一切申しておりません。実際、日本においては、「エリート教育」というと、へんなバイアス（先入観、偏見）がかかり、真のエリート教育は実現しづらい状況にあると思うからです。

日本で「エリート教育」というと、優れたリーダーシップを育むために、最高の高等教育、具体的に言えば東大への進学をめざすことのようにとらえられがちです。ただ、実際はそうではありません。そのような考えに基づくと、将来絵を描く仕事に就きたいとか、音楽家になりたいといった個人の希望を台無しにしてしまう恐れがあります。

渋幕・渋渋は進学校ではありますが、毎年のように、東京藝術大学へ進学する生徒がいます。一人一人の生徒が本来持っている、その人自身の人生を豊かにする才能、あるいは他の人たちを幸せにしてくれる才能を伸ばしてあげることを主眼に置いた教育を進めた成果が、その結果として出ているのです。

私たちは、各自の才能を伸ばしてあげる教育を行った結果として、エリートとなる生徒が出てくることはあっても、最初からエリートを育てるということを目的にはしていません。個々の才能を伸ばしてあげることが学校の本来の役割だと思っていますので、エリート教育をめざしますとは、決して言うことはありません。

グローバル化時代に求められる力

私たちが何をめざしているのかということ、つまりは建学精神についてお話しいたしましょう。

渋幕が産声をあげた1980年代は、世界的にもグローバル化が始まった時代と言われ、わが国にも大きな変革の波が押し寄せた時代でした。教育にもグローバル化の影響がもろに及んだ時期でもあり、当時、私自身は意識していませんでしたが、今振り返ると、本校の建学の精神もその影響から無関係ではいられなかったことがよくわかります。

この時期、わが国の教育改革の機運を象徴するのが、84年に時の中曽根内閣によって設置された臨時教育審議会、いわゆる臨教審です。戦後の日本の教育を一から見直すという目的で、87年までの3年間で4度にわたる答申を行いました。

一方この時期は、79年にアメリカの社会学者、エズラ・ヴォーゲルによる『ジャパン・アズ・ナンバーワン』が出版されるなど、日本の経済力が世界的な評価を高めていく時期とも重なります。85年には、先進5か国による為替レートの安定化に関する合意、いわゆるプラザ合意がなされ、円高が急進します。90年代に入ってすぐのバブル崩壊を前に、もっとも日本経済が輝きを放っていた時代でもありました。

経済大国となった日本が、これから世界に打って出ていこうかという時期に渋幕は開校しました。その渋幕が、「自調自考」「高い倫理感」「国際人としての資質」という三つの教育理念を掲げたのは、そういった時代の流れに沿ってのことでした。

「自調自考」は文字どおり、自ら調べ、自ら考える人間の育成を意味します。「自主性は人間にとって真理である」とよく言われます。自主性に充ちた人間の育成は教育の究極の目標であることは言うまでもありません。自主性豊かな人間を育てるために、その基本的な態度・能力としての「自調自考」を目標の第一に掲げました。

この「自調自考」という言葉は、たとえば東京の男子御三家の一つである武蔵のように、すでに校訓として掲げている学校はいくつかあります。ただ、それらの多くは明治時代の建学で、当時の風潮を反映させて、校訓として採用しておられます。

明治時代は、確かに国際化の時代ではあったのですが、グローバル化の時代ではありませんでした。私はよく、国際化とグローバル化の言葉の違いについて、お話しします。国際化は国境のある時代の話ですが、グローバル化の時代には国境はありません。

国際化の時代の「自調自考」と、グローバル化が始まろうというときに開校した渋幕の「自調自考」とは自ずと、意味が違ってきました。「自調自考」という言葉が、渋幕の代名詞のようになったのには、そういった時代背景の違いが大きく影響したのだと思います。

自調自考論文

渋幕・渋渋の名物として広く知られているのが、「自調自考」論文です。渋幕・渋渋が掲げる三つの教育理念の一つ「自調自考」を実践するのが、この論文作成です。

これは高校3年間のプログラムとして提供されており、これを提出しないと高校を卒業することができないということはありませんが、今までの渋幕・渋渋の卒業生は全員、「自調自考」論文を書いています。

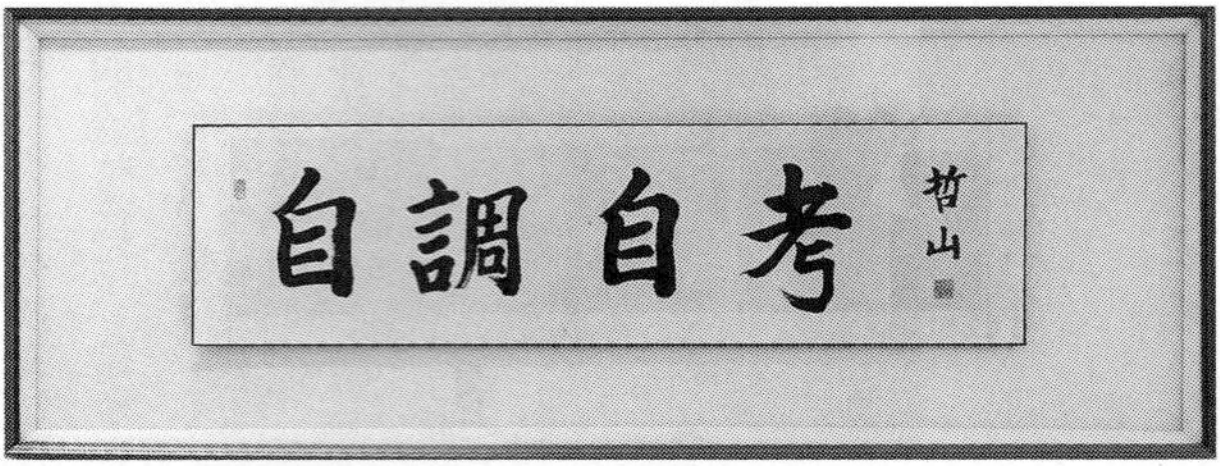

各教室には「自調自考」の校是が掲げられている

高校1年生のときには、自らが論文に書きたいテーマを設定します。生徒15人くらいで1グループを作り、それぞれに教員が担当としてつきます。そして1年間かけて、担当教員との個別面談や、同じグループのメンバーとのゼミ形式のディスカッションなどを通じて、テーマを決めます。

大学では一つのテーマに沿って議論を深めていくのに対し、さまざまなテーマが一つの「ゼミ」内に共存し、多様性を保っているのが、「自調自考」ゼミの特徴です。この経験を通じて、世の中には多様な意見が存在する、それぞれを尊重することが大事だということを、身をもって知ることができるのです。

担当の教員は、「こうしたらどう」というような導き方はしません。生徒自身が書きたいことを見つけられるよう、じっと見守ります。高校生の時点では、自分が将来何になりたいのか、まだ見定めていない生徒も少なくありません。「自調自考」論文を書く作業を通して、自分の関心がどこにあるのか、将来やりたいことは何かに気づいてくれるよう、配慮しています。

一生のテーマを見つける

２０１４年の夏、京都大学の数学科の准教授を務めている16期生が、母校である渋幕を訪ねてきました。ドイツを代表する研究機関であるマックス・プランク研究所で、２年間研究生活を送ることになり、出国前にその報告に立ち寄ったのです。

その際、彼が言うには「僕の『自調自考』論文のテーマは何だと思いますか？」。卒業生全員の論文テーマを覚えていませんので、「わかりません」と答えました。

すると、彼はこう言いました。

「実は、ブラックホールなのです。そして今度、そのブラックホールを研究するためにドイツの研究所に行くのです」

つまり「自調自考」論文を書くために選んだテーマが、彼の一生を左右することになったのです。「自調自考」論文の影響力とは、大したものだなと実感した次第です。そして一生を決めるテーマを発見できる高校時代の重要性に気づかせてくれました。

次に、執筆のための素材集めを始めます。文献にあたったり、そのテーマに通じている方にインタビューをしたり、社会学のフィールドワークに似た経験をします。これも大学で学ぶ、さらには社会に出た際に大いに役立つ経験です。

取材の対象は、だいたい大人です。まったく縁もゆかりもない人にインタビューをお願いすることもあります。その際、お願いする立場のものとして、礼を失しないよう注意が必要です。こうした経験を通じて、大人としてのマナーを学ぶことができるのです。

動物園のクマの展示方法をテーマにした生徒は、一日中、動物園のクマの檻の前で、観察を続けたそうです。また、食品サンプルをテーマにした「自調自考」論文を書き、2014年に文部科学省から賞をいただいた生徒は、東京の合羽橋《かっぱばし》に出向き、そうした商品を扱う問屋で取材したそうです。学校では得ることのできない経験ができるのも、「自調自考」論文の長所だと思います。

最後につけ加えますが、「自調自考」は今話題の「アクティブラーニング」につながるものと考えています。

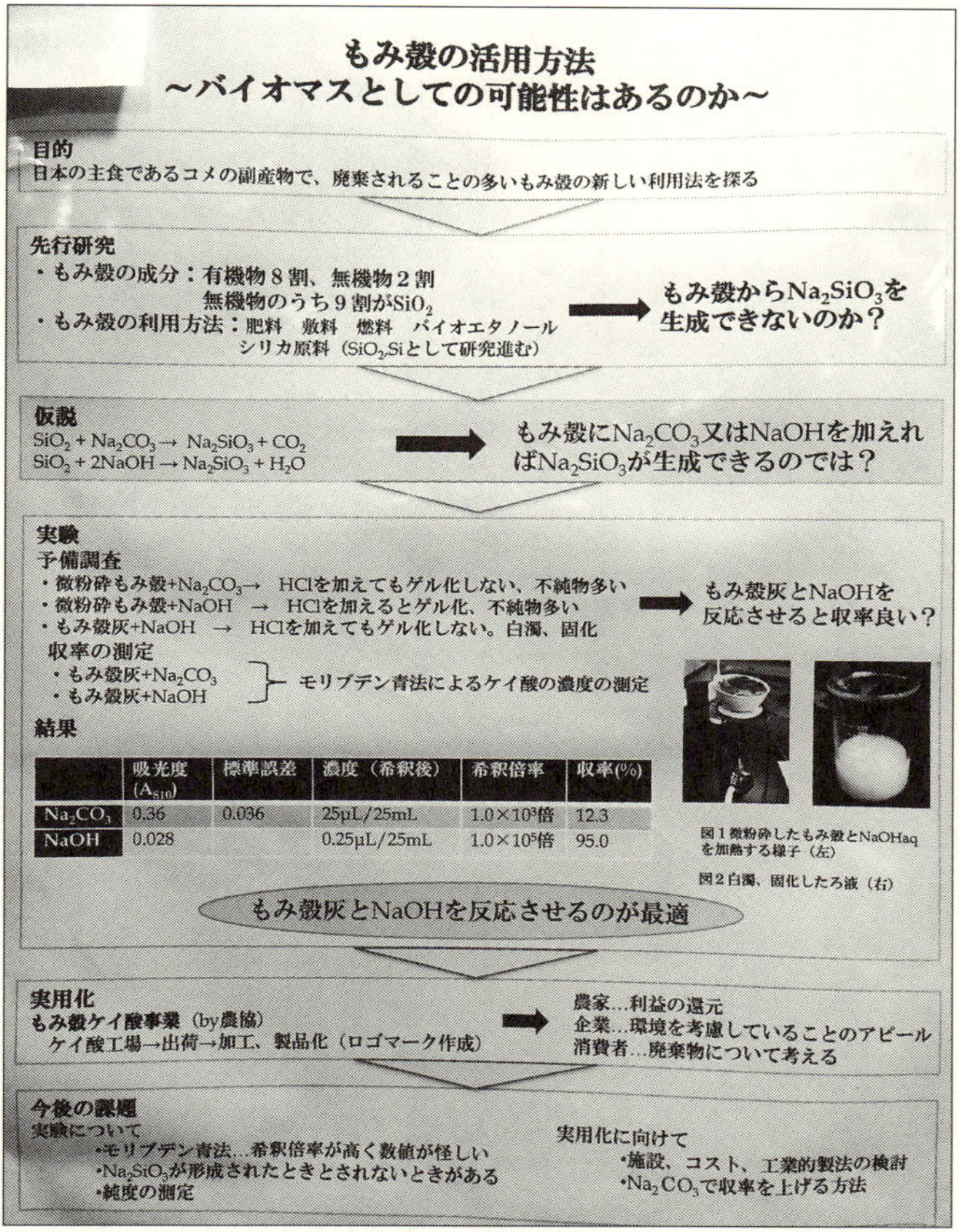

もみ殻の活用方法
~バイオマスとしての可能性はあるのか~

目的
日本の主食であるコメの副産物で、廃棄されることの多いもみ殻の新しい利用法を探る

先行研究
・もみ殻の成分：有機物８割、無機物２割
無機物のうち９割がSiO_2
・もみ殻の利用方法：肥料　敷料　燃料　バイオエタノール
シリカ原料（SiO_2,Siとして研究進む）
→ もみ殻からNa_2SiO_3を生成できないのか？

仮説
$SiO_2 + Na_2CO_3 \rightarrow Na_2SiO_3 + CO_2$
$SiO_2 + 2NaOH \rightarrow Na_2SiO_3 + H_2O$
→ もみ殻にNa_2CO_3又はNaOHを加えればNa_2SiO_3が生成できるのでは？

実験
予備調査
・微粉砕もみ殻+Na_2CO_3→　HClを加えてもゲル化しない、不純物多い
・微粉砕もみ殻+NaOH　→　HClを加えるとゲル化、不純物多い
・もみ殻灰+NaOH　→　HClを加えてもゲル化しない。白濁、固化
→ もみ殻灰とNaOHを反応させると収率良い？

収率の測定
・もみ殻灰+Na_2CO_3
・もみ殻灰+NaOH
} モリブデン青法によるケイ酸の濃度の測定

結果

	吸光度 (A_{810})	標準誤差	濃度（希釈後）	希釈倍率	収率(%)
Na_2CO_3	0.36	0.036	25μL/25mL	1.0×10³倍	12.3
NaOH	0.028		0.25μL/25mL	1.0×10⁵倍	95.0

図１微粉砕したもみ殻とNaOHaqを加熱する様子（左）
図２白濁、固化したろ液（右）

もみ殻灰とNaOHを反応させるのが最適

実用化
もみ殻ケイ酸事業（by農協）
ケイ酸工場→出荷→加工、製品化（ロゴマーク作成）
→ 農家…利益の還元
企業…環境を考慮していることのアピール
消費者…廃棄物について考える

今後の課題
実験について
・モリブデン青法…希釈倍率が高く数値が怪しい
・Na_2SiO_3が形成されたときとされないときがある
・純度の測定
実用化に向けて
・施設、コスト、工業的製法の検討
・Na_2CO_3で収率を上げる方法

ポスター掲示された渋渋生の優秀作品

「高い倫理感」と「国際人としての資質」

教育理念について話を戻します。「自調自考」と並んで「高い倫理感」「国際人としての資質」を掲げていることは前述しました。

まず「高い倫理感」についてですが、グローバル化の時代は、ダイバーシティ＝多様化の時代でもあります。現代は多様な価値観が存在し、家族も学校も、さらには社会全般も、何を基準に判断すればよいのかわからなくなり、判断力が停止しかねません。世界的にみても、宗教間の対立による紛争は絶え間がありませんし、グローバル企業による私利私欲に徹した経済活動が非難を浴びることが少なくありません。

倫理とは、人が常に守るべき道です。また倫理感とは、倫理・道徳に対して正しく厳しく判断し、実行しようとする感覚・心の働きです。さまざまな価値観が存在する今日において、何が正しいのか、何が善なのかを、わきまえておくことが、より求められています。その力が、「高い倫理感」なのです。校長講話では、高い倫理感を「嘘をつかない」「人をだまさない」「汗して働くことは大切なことだ」といったところから生徒と話し合います。高い倫理感は多様な人と生活するグローバル時代には、人として信用される基本的条件となります。

三つ目の「国際人としての資質」については、今さら説明を加える必要もないでしょう。飛行機などの輸送網の発展はめざましく、さらにそれを上回る勢いでインターネットが世界中に普及し、驚くほどのスピードで世界のボーダーレス化が進みました。もはや国際人でなければ、この社会、生き抜いていくことはできません。

開校当時、私は、「今の高校生が活躍する21世紀には、国際化などという言葉は古くさいものとなっているでしょう」と〝予言〟しました。図らずも、その〝予言〟は現実のものとなりました。

ただ、そうはいっても、私どもが開学当初から行っている海外からの帰国生徒の積極的な受け入れは、当時としてはきわめて珍しい取り組みでした。先見の明を持っていたと、少しは自慢してよいかもしれません。

最後に、ここでわざと「国際人」という言葉を使ったのは、英語にならない特殊な日本語だからということも理由の一つです。

海外帰国生徒という「宝物」

実は、その海外帰国生徒の積極的な受け入れにも、臨教審が大きな影響を及ぼしています。当時の臨教審の審議の過程を私はつぶさに観察していたのですが、教育のグローバル化に積極的な発言を行う人に、ある共通点があることに気がつきました。教育のグローバル化に積極的な発言を行う方はいずれも、戦前の植民地出身だったのです。

戦前の日本の植民地支配の是非は別に措《お》くとして、そこで育った人は内地の人とはまた違った、グローバルな視点を持つ人が多かった点に私は注目しました。

ところが戦後の民主主義国家の日本には、もちろん植民地などありません。そうした人材に代わる存在はいないかと探したときに、海外帰国生徒の皆さんのことに思い至ったのです。彼ら彼女らの視点が、国内で育った生徒にきっと好影響を及ぼしてくれるものと期待したのです。

海外帰国生徒の教育は、今でも十分な受け皿が用意されているとは言い切れませんが、渋幕が開校した30年以上前はもっと不完全なものでした。

まず帰国生教育における基本的な考えが、とても不遜なものでした。そもそも帰国生徒は、「外国のへんな文化に汚染された存在だから、早く日本の文化に慣れ戻さないといけない」という考えがその基本だったのです。

先ほども指摘しましたように、渋幕の開学当時は、これからグローバル化が始まろうかという時期でした。私はそれまでの海外帰国生教育の考えを一変させ、「彼らは大事な宝物だ」と考えるべきだと思いました。

そして、彼ら彼女らのように違った文化を持つ人を受け入れ、そこで教育を受けてきた人たちを大事に育て、日本の文化との共存を図る場として学校を設定し直そうと試みました。従来型の海外帰国生教育ではなくて、彼ら彼女らを受け入れ、大切にすることで、学校内における多様化の実現を果たす、さらには海外帰国生徒がいることによって、国内で生まれ育った他の生徒により広い視野を持ってもらうことができると考えたのです。実際に、その試みは見事成功したと自負しております。

帰国生徒のうち今春（2015年春）は渋幕で6人、渋渋で3人が東大に合格しています。他の生徒に与える好影響とは別に、帰国生徒自身の多くが自らの進路希望を実現してくれています。これも、外国での教育と日本での教育との接続がうまくいった成功例と言えるでしょう。

一般入試組への好影響

では、実際に帰国生クラスで、どのような教育を行っているのか、簡単にご説明しておきましょう。そうは言っても、そう特別なことをしているわけではありません。

まず、英語の授業は全部、ネイティブの教員が受け持っています。中学生で、英検の1級、準1級の資格を持っている生徒もいます。そうした生徒に、ABCから始めるのは無茶な話です。

また同様に、帰国生徒に日本のテキストを使わせるのも無茶な話だと思います。帰国生徒にとって、日本のテキストはとても満足できるレベルではありません。そもそも語彙の量が違います。ただ、現地のテキストだと、国費の補助がないのでとても高価で、保護者の方の負担が大きくなります。ですから、当校ではテキストは学校が買い入れて、生徒に貸与する方式を採用しました。

滞在した国や地域によって、日本では必須となる教科を習っていないケースもあります。

その場合は、その学年のレベルまで追いつかせなくてはなりません。そのために特別授業を行います。そうしたしくみが整っているからこそ、先にご説明したように、帰国生徒の進路実現が可能なのです。

私どもがこのように30年以上前に先鞭をつけたのですが、実は今でも、これほど帰国生徒の教育に手厚い学校はそうはありません。外国に駐在された方が帰国するにあたり、わが子の受け皿として当校を第一、第二の候補として検討していただけるのは、このように万全の受け入れ態勢が整っているからです。

繰り返しますが、日本で育った生徒に多様な価値観を持ってもらう狙いで、帰国生徒を積極的に受け入れることにしたところ、一般入試組の英語の実力を養う面においても大いに効果が発揮されています。一般入試で入学した生徒と帰国生徒は、英語の授業が別なだけで、他の授業やホームルームは一緒です。一般入試の生徒たちは、帰国生徒同士が英語で会話をしている姿をふだんから目の当たりにし、日常的に刺激を受けています。英語に対するモチベーションは自ずと高くなります。

一昨年、東大の理Ⅰに合格したうえで、アメリカのジョージア工科大学に進学した、ある生徒の例をご紹介しましょう。彼は、日本で生まれ育ち、海外で暮らした経験はありませんでした。一般入試で中学校に入学したところ、帰国生徒がいて英語がとてもうまいのに驚いたそうです。それで、その帰国生徒に「どれくらい海外にいたのか?」と聞いたところ、「4、5年くらい」との答えでした。

それを聞いた彼は、「それくらいの期間、英語の勉強を一生懸命、頑張れば追いつくことができるのだ」と思い、実際に頑張ってみたそうです。それで、見事アメリカの名門大学への進学を実現させたのです。

当校の生徒の英語力が優れているのは、大学入試センター試験や大手予備校の模試の結果などで示されています。帰国生徒が与えてくれる刺激があることが、このような実績とつながるのでしょう。

渋幕的自由

本校の校風について話を進めます。象徴的なキャッチフレーズとして、「渋幕的自由」という表現がよく使われます。渋渋の生徒は、渋幕に対抗心がありますから、「渋渋的自由」という言葉は使いませんが、校風としてはまったく似通っています。

私はもともと、母校の麻布に負けない、自由な校風の学校にしようと思っていましたので、そのように評価されることについては、心底うれしいとしか、言いようがありません。ただ、この「渋幕的自由」というキャッチフレーズは、学校側で言い始めたものではないのです。生徒が自然発生的に使い始めたものなのです。

「幕張高校」という名称を商標登録してあるということは、先にご説明したとおりです。ところが、開校から4、5年くらいしてからでしょうか。気がつくといつの間にか、生徒の対外試合用のユニフォームに「渋幕」と書いてあるのです。漢字で「渋幕」とある上に、ローマ字でも「SHIBUMAKU」と書いてある。

絶対に他校に真似させないぞと、商標登録までした幕張高校という名前にはもちろん相当の思い入れがあります。ところが開校して5年も経たないうちに、生徒が進んで「渋幕」という名前を使い始めていたのです。私が「幕張じゃだめなの?」と聞くと、「渋谷がついたほうがナウいじゃないですか」と生徒に言い返されました（今では、「ナウい」という言葉は死語だそうですが）。

私は渋谷と幕張というのは、東京の繁華街と千葉の郊外（当時）なので、「ミスマッチだなぁ」と思ったのですが、これは生徒に〝著作権〟がありますので、これ以上文句は言えません。以来、「渋幕」が学校〝公認〟のキャッチフレーズになったのです。

他校に先駆けたシラバス導入

この自由な校風は、渋幕・渋渋が他校に先んじて取り入れたシラバスとも無関係ではありません。シラバスは、アメリカの大学では珍しくはありませんが、渋幕の開学当時は、他の高校では導入されていなかったと思います。渋幕が日本初だったはずです。

自由という言葉は、間違って悪い意味にとらえられることが多いものです。生徒や学校側が好き放題にして、校内の秩序が保たれないのではないかと、不安に感じられる保護者の方がいらっしゃるかもしれません。

それで、事前に保護者の方に、学校としてはこういうことをしますと、お約束するためにシラバスを作成したのです。保護者の方に対する、学校からの誓約書といってもよいかもしれません。ですから、約束の内容を変えるときは、シラバスを印刷し直して、配り直します。

公立校は、印刷し直さなくていいのです。公立校にとってのシラバスは、文部科学省が出している学習指導要領です。それに沿って、指導を行っていればいいのですから、個別に保護者と約束を交わす必要はないのです。

自由とは何か?

「渋幕的自由」という言葉が出てきたので、ここであらためて「自由とは何か」について、私の考えを記しておきましょう。校長講話などを通じて、ふだんから渋幕・渋渋の生徒に話していることです。

自由という言葉は、その意味が誤解されやすい、もしくは誤解されているという点で、非常に不幸な言葉だと思っています。そもそも自由という言葉が、英語のLibertyの和訳として使われ始めたのは、明治維新以降のことで、明治6年（1873年）に結成された啓蒙団体「明六社」のメンバーがさんざん頭をひねって、和訳を考えたそうです。

当初は、「自由自在」という言葉から、上の「自由」と下の「自在」をそれぞれLibertyの和訳としてあてる案があったようですが、最終的に「自由」が広まることになりました。「自由」を主張したのは明六社のメンバーの一人だった西周《にしあまね》だったという説もありますが、どうもはっきりしません。

ただ、訳の語源が「自由自在」となったことから、本来Libertyが持つ意味が誤って理解されるようになりました。自由自在だというのだから、制限がないというふうに理解されたのです。悪くとらえれば、好き勝手してよいという意味にもなります。

Libertyとは、もとはそういう意味ではなく、自己決定ということなのです。自分で決めることができる、自己選択が本来の意味なのです。

戦時中、私も他の子どもと変わらず、軍国少年でした。当時、軍部から国民学校に通告があって、「自由は敵だ」と言われたのです。これを聞いた私は、「へ〜」と驚いたものです。つまり、悪い意味で使われていたのですね。本来の意味ですと、自己決定、自己選択、自己責任です。

ただ、当時の軍部からすると、国民に自分の考えで行動してもらっては困るわけです。軍部の言うことを聞いてほしいわけですから。それでこのような通告が出されたのです。

自由という言葉はこのように誤解されて使われることが多い。一方で、自由ということを学校の特色の一つとして謳うならば、その意味をきちんと理解していなくてはならない。それで高校2年の「校長講話」で、「自由」をテーマにしてお話ししているのです。

大学受験を1年先に迎える高校2年というタイミングで、「自由」についてお話しするのには理由があります。大学の先生に、「なぜ大学への進学が必要なのでしょうか」と聞くと、「より自由になるため」と答えられる方が少なくありません。

自分自身の判断で、自己決定、自己選択できるようになるため、という意味です。ですから、渋幕・渋渋のように、ほとんどの生徒が大学進学する学校においては、前もって「自由」の意味をよく理解しておく必要があるのです。

名物となった校長講話

ここで校長講話に話が及んだので、少し補足説明させていただきます。学年ごとにテーマを決めて、校長、田村哲夫が学期に2回、学年ごとに講話を行っています。これだけ頻繁に校長が講話を行う学校は、そうはないと思います。今では、渋幕・渋渋の代名詞の一つと言ってもよいかもしれません。

校長講話を始めたきっかけは、私自身が麻布中学・高校に在学中、3代目の細川潤一郎校長から校長講話を授かったことによります。そのあたりの経緯は、項をあらためて4章でご説明させていただきます。

高2で「自由」をテーマにして話すと先に記しましたが、最終学年の高校3年の1学期では、「人権」をテーマにして話します。ヨーロッパの文化、風土の背景を語るのには、宗教という存在を欠かすことができません。つまり、キリスト教です。ところが日本においては、仏教や神道などが一定の影響力を持ってはいますが、ヨーロッパにおけるキリスト教ほど強固なものではありません。

たとえば、ドイツ国憲法では、前文に「神に対する責任」という文言が含まれています。キリスト教が国の宗教でなければ、ありえないことです。自由のもとでは、各人が「神に対する責任」を感じて、自ら「自由」を実現するという形でのみ、「基本的人権」が保障されると考えるからです。

では、キリスト教のような強固なバックボーンを持たない日本では、どう考えるかというと、「お天道様」という考え方が、それにとって代わるでしょう。要するに、「誰も知らないということはないんだ。必ずお天道様が見ている」という考え方です。これが、ずっと日本人のなかにあった。儒教における、孔子の「天」の意識ですね。

国際社会で日本人として誇りを持って生きていくには、お天道様に対する責任をしっかり持っていないといけない。そういう意識を育てていくことが大事だと、話しています。

教養とは何か?

リベラルアーツ=教養主義も校長講話の重要なテーマの一つです。国際社会、グローバル化された社会に生きていくためには、教養が不可欠だからです。

教養というのは、知的訓練を経て、歴史を確実に学ぶことによって、知的な判断力を広く、豊かに涵養《かんよう》することで身につきます。リーダーシップを養成するには必須のものです。

たとえば、アメリカのオバマ大統領が断行した医療保険制度改革、いわゆるオバマケアは、民間より安い費用で公的医療保険に加入できるというしくみで、国民皆保険の制度に慣れ親しんだ日本人にとって反対の余地がないように見えます。

ところが、アメリカ人にとっては、本心を言わせれば、ほぼ全員「反対」なのです。なぜかというと、アメリカ人は、すべての人が平等で、宗教に対する確固たる信念、素朴な道徳感情を持っています。それに基づいて行動することをよしとします。

だから、アメリカ人はオバマケアに反対する。そういったことを理解するには、やはり教養が必要なのです。

ちなみに、アメリカ人のそのような思考傾向を「アメリカの反知性主義」と名づけ、詳細な考察を加えた著書『アメリカの反知性主義』を著したのが、コロンビア大学の歴史学教授のリチャード・ホーフスタッター氏で、その著書はアメリカのジャーナリズム界において最も権威あるピュリッツァー賞を受賞しています。

この本は、縁あって私が翻訳を担当し、2003年に日本版が刊行されました。今年（2015年）になってから相次いでアメリカの反知性主義に関する著書が刊行され、再び注目を集めているのは、原著の翻訳者として喜ばしい限りです。

なお、『アメリカの反知性主義』（みすず書房）は今年8刷で再版されています。

校長講話の年間スケジュール

最後に2015年度の校長講話の年間スケジュールを例に、私が生徒たちに対して何を伝えているのかご説明しておきましょう。一覧表（シラバス）を掲載するので、適宜ご参照ください（資料2。71〜76頁）。

中1でいちばん生徒たちに意識してほしいのは「人間関係」です。人間の生きる力というのは、実は自分の内側にあるのではなくて、他者からもらっているのです。人間は他者との関係において成長していくということを伝えるために、いろいろ調べて資料を提供しています。たとえばアルフォンス・ドーデ『最後の授業』は、国について考えるための教材になります。

中2のテーマは「自我のめざめ」です。人間は発達段階に応じて脳が形成され、認識ができていきます。その認識において、ヒューマニズムという方向性を外さないようにしてほしいというメッセージを宮沢賢治の作品などを通して伝えています。思春期のはじまりです。

3学期で取り扱う夏目漱石の『夢十夜』の第六夜には、木のなかに潜む仏像を彫り出すという有名な話があります。「自我のめざめ」というのはこれに似ていて、自分で自我を掘り出していく作業に他なりません。

中3のテーマは「新たな出発（創造力）」、クリエイティブな資質についてです。これは21世紀という時代の潮流をふまえて、創造力というのが自分のなかにあるものなのだということを気づかせる狙いがあります。

そして高校に進学して、高1になると「自己の社会化」というテーマを掲げています。ここでは「社会」という言葉がキーワードです。アイデンティティは社会との関係において意識されなければ、意味がありません。アインシュタインが「わたしの相対性理論という理論の発見は、もし絶海の孤島でロビンソン・クルーソーみたいな生活をしているときに発見したなら、何の意味もなかったろう」と言ったように、人間の活動は常に社会とつながっています。

ただし気をつけなければならないのは、自分が社会に取り込まれるのではなく、自分のなかに社会を取り込んでいくということです。そうすることが人間としての人格、完成へとつながっていくのです。

高2のテーマは「自由とは」。これからの人間にとっていちばん大事なテーマを徹底的に考えてもらおうというものであり、詳細は先述したとおりです。

自由というのは自己選択であり自己決定という意味です。自分の人生は自分が決めるということが自己決定。それが基本的人権の中核の権利ですから、自由がなければ基本的人権はありえません。これは法理論的に明解な学説があり「人格的自律権」という定説になっています。この考え方が近代社会を生み出したのです。

この点が道徳教育の基本になければなりません。言われたことだけやっているのは、人格的自律権に反するのです。道徳教育というのは、習慣や躾《しつけ》のように訓練で身につくものとは違うものです。習慣や躾の上にそれぞれが自己意識として道徳的な意識を持つ（道徳的自己意識）、この骨組みが基本的人権であり、私の表現では少し難しいですが、Authenticity（真正性）と言っています。

こうした考えをもとに、「自分探しの旅立ち」をテーマに掲げる高3の最後に、基本的人権の法律的な分析を行っています。

高3になる頃には、生徒たちは自分たちでいろいろな考えを主張できるくらい成長を遂げていくのです。

コラム1　中2校長講話　自我のめざめを聞いての感想

◎7組・女子

私にとって今の時期は「子ども」から「大人」に変わっていく大切な時期だと知った。たとえば、校長講話が早く始められるようすぐ黙ることは、人から注意されれば簡単にできるが、次の校長講話のときも、何も言われなかったらできないと思う。子どもであるということの全てが悪いとはいえないけれど、人に流されてしまうという面ではほどよい自我を持っている大人に早くなれるといいと思う。

校長先生は成長して周りが見えるようになることが大人になることだと言っていた。そのためには自分に目を向けることが大切だとわかった。人と違う自分を認められるような自分になりたいと思う。

◎6組・男子

今回校長先生は、人が「変わる」ということについて話していました。人類が誕生してから、人は何度も考えることによって進化してきました。つまり、人は考えることによって、自分たちを変えてきたのです。私たちは今、最も大きく変化する時期です。なので、人類の進化と同じように、自分で考え、よりよい変化をしていこうと思います。また、これからは他人に頼りすぎないように生きていこうと思います。

（学年紙『パレット』No.62　渋幕34期、中学2年より）

資料2 校長講話年間スケジュール（平成27年度）

学年	中　1
年間のテーマ	人間関係
1学期	①・『知的生産の技術』より 整理と整とん（本居宣長の松坂の一夜）　…梅棹忠夫 ・野田と飢饉 ・『子ども』　…ドロシー・ロー・ノルト ②・日本全図を作る　…伊能忠敬 ・『四千万歩の男』　…井上ひさし ・『井上ひさしの読書眼鏡』より ―伊能忠敬の業績を網羅― ・『藤野先生』　…魯　迅 （学習について）
2学期	③・『二度と通らない旅人』　…小川未明 ・『画の悲しみ』　…国木田独歩 ・読書の秋　想像広がる描写楽しもう　…山本一力 （人間関係と読書） ④・『銀の匙』　…中　勘助 ・塙　保己一と『群書類従』『竹取翁物語』 塙　保己一資料館―パンフレット・DVD （人間関係と読書）
3学期	⑤・『人面の大岩』　…ナサニエル・ホーソーン ・『顔』　…南　伸坊 （人間と顔） ⑥・日本を見つめる ・『読書術』より　外国語の本を読む「解読術」　…加藤周一 ・『最後の授業』　…アルフォンス・ドーデ ・音と絵と文字（言語）DVD （国際理解）

<table>
<tr><td>学年</td><td>中　2</td></tr>
<tr><td>年間のテーマ</td><td>自我のめざめ</td></tr>
<tr><td>1
学
期</td><td>①・ヒューマニズムの火を灯せ
・『君たちはどう生きるか』　…吉野源三郎
・「表札」　…石垣りん
②・『グスコーブドリの伝記』　…宮沢賢治
・『生老病死の旅路』　…河合雅雄
・「わが愛はヒマラヤのふもとへ」　…岩村昇博士
・「記憶のなかのこども」　…鶴見俊輔
・「読書子に寄す」　…岩波茂雄
（個人と社会・自己同一性）</td></tr>
<tr><td>2
学
期</td><td>③・『啓発録』　はしがき　…橋本佐内
・友達のできない人に　…河盛好蔵
（友　情）
④・太平洋へのみち
・『ぼくはこんな本を読んできた』より
人間の進化　…立花　隆
・『「超」勉強法』　…野口悠紀雄
（進取の気性）</td></tr>
<tr><td>3
学
期</td><td>⑤・『清兵衛と瓢箪』　…志賀直哉
・『清兵衛と瓢箪』考
・柿右衛門　…阿坂卯一郎
（個　性）
⑥・『夏目漱石全集』より
「夢十夜」「ケーベル先生」　…夏目漱石
・「ケーベル先生、ヘクトーのことなど」　…松平千秋
・「なぜ子供は学校に行かねばならないのか」　…大江健三郎
（自我のめざめ）</td></tr>
</table>

資料２　校長講話年間スケジュール（平成27年度）

学年	中　3
年間のテーマ	新たな出発（創造力）
1学期	①・日本人の完成品を尊重するハウツウ教育　…西澤潤一 ・『清兵衛と瓢簞』考 ・独創人間のすすめ ・『コンピュータが仕事を奪う』　…新井紀子 （独創力） ②・天平の留学僧　…井上　靖 ・遣唐使の航路（地図資料） ・『ぼくはこんな本を読んできた』より 僕の読書を顧みる　…立花　隆 ・一からわかるナノテクノロジー ・古代外交史　古代の対外関係 ・代替不能な能力こそ重要 （学習とは）
2学期	③・生きた友情　…古谷綱武 ・『人生論ノート』より　嫉妬について　…三木　清 ・『十六の話』より「21世紀を生きる君たちへ」…司馬遼太郎 ・魂の行き来する道筋…村上春樹 ・「なぜ子供は学校に行かねばならないのか」　…大江健三郎 （友　情） ④・天井が明るい ・『書斎の寝椅子』　…江國　滋 『モモ』…ミヒャエル・エンデについて ・進化論150年ヒトの未来を見つめ直す （時間と命）
3学期	⑤・ソクラテスと法 ・『人類知抄　百家言』より　フランクリン　…中村雄二郎 ・『フランクリン自伝』　…ベンジャミン・フランクリン ・生活と学習時間について （個人と社会） ⑥・『ガリレオの生涯－１』 科学のはじまり　すべては疑うことから始まった…田中一郎 ・『数学10大論争』　…ハル・ヘルマン （物理学のはじまり）

<table>
<tr><td>学年</td><td>高　1</td></tr>
<tr><td>年間のテーマ</td><td>自己の社会化</td></tr>
<tr><td>1学期</td><td>①・国際羅針盤－日本の明日を考える
・高校時代に心がけてほしいこと　…朝倉紘治
・『風姿花伝』　…世阿弥
・司法制度改革
・自己同一性の確立度
（高校生活とは）
②・『アイデンティティ・ゲーム――存在証明の社会学』　…石川　准
・『本という不思議』　…長田　弘
・『誇り高き市民――ルソーになったジャン＝ジャック』　…小林善彦
（自己発見）</td></tr>
<tr><td>2学期</td><td>③・熱帯地域と国際交流　…小坂光男
・サステイナビリティ学とは
・『DNA』－機能と構造
・サイエンス　温暖化の地球史
（自然と地球環境）
④・『海図と航海日誌』より
子供の読書と大人の読書　…池澤夏樹
・『夜の風見鶏』　…阿刀田　高
・『みみずくの散歩』　…五木寛之
・『ゾウの時間ネズミの時間』　…本川達雄
（読書と自己発見）</td></tr>
<tr><td>3学期</td><td>⑤・論理と情緒・教育立国ニッポン　…藤原正彦
・『「超」勉強法』より　勉強は意欲で進む　…野口悠紀雄
・現代に至る構造主義・ゲーテに並ぶ賢者
・オペロン説　動的平衡
（感動と学習）
⑥・『アメリカン・マインドの終焉』より
書物　…アラン・ブルーム
・『夕陽妄語』　…加藤周一
・学生の資質について
・『啓発録』　…橋本左内
（学問への旅立ち）</td></tr>
</table>

資料２　校長講話年間スケジュール（平成27年度）

学年	高　2
年間のテーマ	自由とは
1学期	①・ヨーロッパの言語・文化か文明か ・『未来からの挨拶』より　ラ・ザイネ　…堀田善衛 ・西欧各地の大学（12～14世紀） ・古くからの問いと議論 （普遍性の文化） ②・なぜ今アダム・スミスか ・『アダム・スミス――『道徳感情論』と『国富論』の世界』　…堂目卓生 ・『知の技法』より 大学文系の今日的問題と「うなずきあい」について　…小林康夫・船曳建夫 ・真理は汝を自由にする ・「立ちつくすピラト」　…苅部　直 ・『フランス自由主義の成立――公共圏の思想史』　…安藤隆穂 ・『自由からの逃走』　…エーリッヒ・フロム 公共の福祉 （自由について）
2学期	③・「青春の情熱」　…藤原　定 ・『人生論ノート』より　懐疑について　…三木　清 ・『「教養教育」を考える』　…田村哲夫 ・東洋自由新聞 （青春と人間関係） ④・『海図と航海日誌』より　科学と知的好奇心　…池澤夏樹 ・『「超」勉強法』より　勉強は意欲で進む　…野口悠紀雄 （学習について）
3学期	⑤・『私の個人主義』　…夏目漱石 ・米国独立宣言・ゲティスバーグ演説 ・「自己拘束力」どう育てる　…田村哲夫 （自由について） ⑥・知的渇望の衰退　…日垣　隆 ・社説－福沢諭吉のように ・『風塵抄』－なま解脱　…司馬遼太郎 ・世紀の年輪　…林　望 ・『日本語と私』より 日本語の黎明・「広辞苑」初版　…大野　晋 ・禅（覚の宗教）トランセンデンタリズム （知識と情報）

<table>
<tr><td>学年</td><td>高　3</td></tr>
<tr><td>年間のテーマ</td><td>自分探しの旅立ち</td></tr>
<tr><td>1学期</td><td>①・人権に関する若干の覚書　…佐藤幸治
・「善く生きる」には
・『人間であること』　…田中美知太郎
・生活と学習時間について
・『夕陽妄語』　神はどこにいるのか　…加藤周一
・『西欧各地の大学』『天声人語』
・古くからの問いと議論
（基本的人権・人格的自律権）
②・『知のモラル』より　「知」の賢慮に向けて　…樋口陽一
・「正義を求める心」を生かし続けるために　…西　研
・『これからの「正義」の話をしよう』　…マイケル・サンデル
・『重力とは何か』　…大栗博司
（知と知性・モラルと正義）</td></tr>
<tr><td>2学期</td><td>③・『心の習慣』　…田村哲夫
・『心の習慣——アメリカ個人主義のゆくえ』
…ロバート・N・ベラー
・『はじめに』　ユダヤのタムルード
・『菊と刀』　…ルース・ベネディクト
（これからの日本）
④・『人類知抄百家言』より　アインシュタイン　…中村雄二郎
・心の健康
・『免疫の意味論』　…多田富雄
・「「教養の危機」を超えて」　…山崎正和
（個性について）</td></tr>
<tr><td>3学期</td><td>⑤・『アメリカの反知性主義』　…田村哲夫
・「やさしい経済学　今求められる「知」」　…堂目卓生
・「日本の思想と文化の諸問題」　…丸山眞男
・遷宮刷新で得る永遠　伊勢神宮・出雲大社
『人権宣言』－パンフレット
（文化について）</td></tr>
</table>

3章

渋幕ライフ、渋渋ライフ

制服への思い

この章では、ざっくばらんに渋幕・渋渋の教育内容や学校の雰囲気について、ご説明いたしましょう。

保護者の方々や他校の関係者の方々から、よく「渋幕（渋渋）的自由」と言われることがあるのは2章で記述しました。渋幕の場合、明るいブルーのブレザー、渋渋はブリティッシュ調のグレーのブレザーが制服で、はたから見るととてもオシャレに見えるそうです。生徒の表情も生き生きしており、それが「自由」な雰囲気を感じさせるのかもしれません。

ただ、自由というのは、何でも好き放題にしていい、という意味ではありません。この点については、前の章で詳しく説明させていただいたとおりです。自由というのは、自己決定、つまり自ら考え自ら決断するということなのです。

渋幕（渋渋）的自由とは、どういったものかを端的に示す例をご紹介しましょう。両校には、校則というものがあるにはあるのですが、実際、それをもとに物事が決められたり、生徒が処分を受けたりすることはありません。生徒に聞いても、「え、校則って、ありましたか？」と驚かれるのがオチです。

両校の生徒を見ていただくとよくわかりますが、茶髪もいますし、ちょっとスカートの丈が短めな子もいます。たまに耳にピアスというのも見かけます。1人が始めると、何人かがそれに追随し、学校全体へと徐々に広がっていきます。

私たち教員がそれらを見ていて、ちょっと目に余るかなと思ったときに、生徒に「では、先生たちが朝、校門の前に立とうかな」と言うのです。すると生徒たち（生徒会）は、「ちょっと待ってください。それは僕（私）たちでやります」と言って、自らが率先して身なりを律するのです。これが開学当時からの、本校の「伝統」なのです。

これは余談になりますが、制服については、とくに渋幕の場合、開学から30年以上が経っているので、つい最近、「制服を新しくしてみては」と提案したことがあります。

ところが、これは生徒から断固拒絶されました。彼らが言うには、「この制服があってこそ、渋幕なのです。僕たち私たちは、この制服に誇りを持っています」ということだそうです。それだけ学校のことを思ってくれているのかと、とても感動したと同時に、彼らの気持ちも忖度《そんたく》せずに、そのような提案をしたことは少し軽率だったと、反省した次第です。

ただ、この制服はやはり目立つらしくて、学校の近隣に住む方々からは、よくお小言なり、苦情が寄せられます。その際、よく言われるのは、「勉強ばかりしていて」というフレーズです。うちの生徒たちは、決して勉強ばかりしているわけではないのですが、どうもそのようなイメージでとらえられてしまいます。この点は、今後誤解を解いていく必要があると思っています。

立地条件の影響

渋幕・渋渋の両校は、三つの教育理念、カリキュラム、さらには自由な学校の雰囲気など、似通っている点が多いのですが、もちろん違っている点もあります。まず、いちばんの大きな違いは立地条件です。

ご存じのとおり、渋幕は千葉の幕張エリアにあります。開校当時、周りは葦の原でしたが、今では最先端のビジネス拠点となり、人の行き来も随分増えました。とは言っても、新しく前もって計画されてできた街だけあって、ビルとビルのあいだの空間も広くとられ、まだまだのどかな感じがいたします。

一方、渋渋は、いずれも日本屈指の繁華街である渋谷、原宿から徒歩で7~8分のところにあり、学校の周りはかなりの人の行き来があります。学校の前にはキャットストリート、歩いてすぐのJR山手線の線路をくぐり抜けた先にはファイヤー通りという、若者文化の最先端エリアがあります。

渋幕のキャンパス（上）と渋渋のキャンパス

渋幕の場合は、生徒の7割以上が千葉県在住ですが、渋渋ですと東京都、神奈川県の生徒がほとんどです。こういった立地条件や通学エリアの違いは、多少学校の雰囲気の差にも出ていて、やはり渋渋のほうが少し「都会的」な感じがいたします。

男女比は半々が理想

そういった派手な印象は、渋渋の男女の生徒比率も関係しているかもしれません。渋渋の場合は、男女ほぼ同じか、やや女子が多いという感じで、ここ数年、生徒数が推移しています。一方、渋幕の場合は、7対3で男子の方が多いのです。

両校とも、入試の際には男女別の枠を設けることなく、成績順で合格者を決めています。そうすると、どうしてもこういった割合になってしまうのです。渋渋ではすでに、出席簿などが男女混合名簿となっているのに対し、渋幕では男子と女子で別のままです。

だいたい中学・高校の時代では、男子に比べて女子のほうが活発で目立つものです。大学では、さらにその傾向が顕著だとも聞きます。人によっては、「男子が少しくらい多いほうが、ちょうどいいのでは」と、おっしゃる方もいますが、実際に学校運営に携わる者としては、笑い話ですますことはできません。

実は渋幕の男子比率の高さについては、私は大変懸念していまして、何とか半分半分、悪くても男子6、女子4くらいの比率にはもっていきたいと思っています。最初から渋幕を共学校としてスタートさせたのには、男女共同参画の時代に、それまでなかった男子と女子がともに協働し学ぶ、新しいスタイルの学校を作りたいと思ったからです。

渋幕で男子の比率が高いのは、東京に比べて千葉では、まだ女子の中学受験が一般化していないといった事情があるのかもしれません。そのあたりの背景をしっかり調査したうえで、対策を講じたいと思っています。

渋幕と渋渋との違いで、ほかに挙げられるのは、学校の規模と高校入試の有無です。渋幕では、中学の一般入試（1次と2次の2回）で260人、帰国生入試で約20人募集し、高校でも一般入試で約40人、帰国生入試で約10人募集しています。高校では、それ以外にも、特別活動選抜として、スポーツや文化活動などですぐれた実績を残し、ある一定以上の学力を有する生徒も募集しています。高校の卒業者数は、毎年、350人前後にのぼります。

これに対して、渋渋では、中学のみの募集で、一般入試が163人、帰国生入試が12人です。渋幕が高校で約350人の卒業生を出すのに対して、渋渋では約200人です。

生徒の数の多い少ないは、帰国生徒の比率にも影響してきます。渋幕では、だいたい全体の6～7％が帰国生徒の割合ですが、渋渋では10％程度になります。両校とももともと国際色の強い学校ではありますが、そのなかでもより渋渋のほうで国際色が強く出る傾向にあります。

渋幕が高校入試を続ける理由

これはあとで説明しますが、中高一貫の6年間で教育した方が、スムーズなカリキュラムを組めます。それが両校の進学実績の高さにも結びついています。それなのに、あえて渋幕で高校入試を採用しているのには理由があります。

渋幕の場合は、千葉県に住む方々のための学校という当初の目的から、高校入試を行っています。学校の所在地は、千葉県のなかでも東京都寄りの幕張地区にあります。ひとことに千葉県といっても、その範囲はとても広く、房総半島の先も千葉ですし、利根川の上流の野田・関宿《せきやど》のあたりも千葉です。

高校生ならともかく、中学生にとっては通学での片道1～2時間は大変な負担になります。やむをえず中学入試をあきらめる千葉の小学6年生もいらっしゃいます。そうした方々が、高校になってもう一度チャレンジできるよう、渋幕では高校入試を続けているのです。

高校から渋幕に入学した生徒は、1年のときには中学から進学した生徒とは別クラスになります。これは中学校の段階で、すでに一部高校のカリキュラムに取り組むなど先取りしているからです。高校2年からは、中学からの生徒と混合クラスになります。

高校から入学される生徒の保護者のなかで、「先取りに追いつくのは大変なのでは」と不安を感じられる方もいらっしゃいます。ただ、実際はそうではありません。中学から進学した生徒は高校受験がなく、中学3年と高校1年の2年間、比較的ゆっくり自分の好きなことをして過ごせるというメリットがあります。ただし、その分、緊張感が欠けます。

一方、高校受験を経て入学してきた生徒には、中3で懸命に受験勉強してきた経験があり、その勉強に対する集中力を、高校に入ってきてからも継続して発揮してくれます。ちゃんとがんばれば中学からの進学組に追いつくことができるのです。

これは中学からの内部進学生にもよい影響を与えています。高校受験がないためか中だるみする生徒たちもいるのですが、高校から入ってきた生徒に刺激を受けて、内部の生徒たちが活性化するというメリットがあるのです。

コラム2　「受験生川柳」　（ ）の中はペンネーム

◎寝過ごして　帰る電車で　寝過ごした　（たつだいもんきー）
◎志望校　教えないわよ　受かるまで　（諸事情により知らず）
◎500時間　ムリとか言って　みんなやる　（がちゃぴん）
◎夏休み　明けたらみんな　色白い　（のぶりエスカレーター）
◎体重は　変わっていないが　脂肪だけ　（ジュース大好き♡）

（学年紙『TIVE-TIVE FOURTEEN』No.51　渋渋14期、高校3年）

6年間を三つのブロックに

中高一貫の6年間のしくみについても、ご説明しておきましょう。

渋幕・渋渋とも、中学高校の6年間を2年ずつ、三つのブロックに分けています。中学1、

2年をAブロック、中学3年、高校1年をBブロック、高校2、3年をCブロックとしています。

まずAブロックでは、基礎・基本をしっかりと身につける期間としています。学力とともに、日々欠かさず家庭学習が行えるよう、生活習慣付けを行う大事な時期です。1クラス三十数人の少人数教育で、生徒一人一人に目が行き届くよう配慮しています。

この時期、学習面以外でとくに気を配っているのが、他人の考え、もしくは自分と違った意見を互いに尊重するという意識の涵養です。他の章で詳しくご説明しましたが、21世紀は多様性の時代です。グローバル社会で生きていくには、国籍、人種、宗教、信条などの違いを乗り越え、ともに共生していかなくてはなりません。そのために自分と違った意見や考えも、十分尊重しなくてはなりません。

そういった意識を育んでもらえるよう、ロングホームルームなどを通じて、担当教師はいろいろな働きかけを生徒に対して行います。また、1年の最初の課外活動を行う際には、男女一緒に数人のグループを作ってもらい、事前学習をしてもらいます。一緒にグループで食事などもします。

男子と女子の違いもあり、最初は何だかぎこちないやりとりで始まるのですが、時間がたつにつれ、男女の境なく普通に会話のやりとりができるようになり、お互いで認め合うようになります。

ある教育評論家の方が、「渋幕（渋渋）の生徒の男女の仲のよさは特筆すべきこと」と評されたことは「はじめに」でも触れましたが、その背景にはこのような働きかけがあるのです。

Bブロック以降は、1クラス40人規模になります。Bブロックでは、Aブロックで培った基礎・基本に加え、自分で判断し行動する力の発展を図ります。個としての自分を見つけ、視野を広げていく期間です。一部の科目が選択制になります。

Cブロックは、明確な将来の目標を定め、それに向かって何をすべきかを考え、自分に課題を課していく期間です。各自が希望する進路実現に向けて、幅広い科目選択制を導入しています。

カリキュラムと補習

全体の授業時間数としましては、渋幕の中学1年生の場合、年間で990時間となっています。国語、算数、英語、社会、理科の主要5科目の授業が手厚くなってはいますが、渋幕・渋渋とも土曜の午前にも学習活動を行っています。全体の授業時間がそれだけ多いので、主要5科目以外の技術家庭、音楽、美術など「自立」に資する教科に対しても、十分な授業時間を確保できています。

先ほどのカリキュラムの先取りも、このように公立校より多い授業数によって可能となっています。それに加え、中高一貫校のメリットを生かし、中学と高校のカリキュラムのダブりをなくすことで、さらなる先取りを可能としています。渋幕・渋渋ではだいたい高校2年が終了するまでには、高校3年間分のカリキュラムを修了します。高校3年の1年間は、自分の進路希望を実現するための準備期間として使うことができるのです。

「いざ渋幕（渋渋）に入ったのはいいが、学校の授業についていけなかったらどうしよう」との、保護者の心配の声をよく聞きます。そうした生徒に対しては、担当の教師が声掛けし、放課後、個別に指導するようにしています。とくに中学に入学したての頃は、家庭での学習習慣がなかなか身につかず、予習復習が不足がちになる生徒が出てきます。そのあたりは、家でできないなら、学校ですませて帰りましょうと、教員が面倒をみます。

そうした個別の補習以外にも、学年を問わず参加できる特別講習も実施しています。学年を問いませんので、中学生が微分積分の講習に参加するような光景も普通に見られます。

コラム3　「高三あるある」　（）の中はペンネーム

◎年号を覚えるのが難しいので、素因数分解して覚える
2^3×149年　鎌倉幕府　（吉野太郎）
◎勉強が足りないと思っていると、友達が勉強の話をしていていたたまれなくなる（少年）
◎明日から携帯しないといって1か月たった（no name）
◎まだ渋谷のJKになりきれない（ときめきたい）
◎模試がひどすぎて、手づかみでしゃぶしゃぶ　※利き手でやる（不明）
◎K先生のセミナーは大抵同じ結論（天下統一）

（学年紙『TIVE-TIVE FOURTEEN』No.51　渋渋14期、高校3年）

「現地集合、現地解散」の副産物

校外研修としては、両校とも高校の修学旅行は2年のときに実施しており、中華人民共和国および九州のどちらかを選択するしくみになっています。

これ以外にも、学年ごとに、たとえば鎌倉、信州、奈良、広島などでの日本文化の歴史と伝統をたどる校外研修があり、それぞれテーマを設定して現地に赴き、見聞を広めています。その際は、渋幕・渋渋の代名詞のようになっている「現地集合、現地解散」で実施しています。言うまでもなく、生徒の自主性を養うためです。ときには、まったく違った場所に行ってしまう生徒もいますが、そこは慣れた教員がしっかりサポートしてくれます。

「『現地集合、現地解散』を実践していてよかったな」と思える事例があります。数年前のことです。朝の通学時間帯に、事故でＪＲが大幅なダイヤ乱れを起こしたことがありました。渋幕の最寄り駅の一つに海浜幕張駅があるのですが、朝夕の時間帯にはＪＲ武蔵野線からの直通乗り入れ電車が運行されています。そのうちの1本が、南船橋駅を過ぎたあたりで止まってしまったのです。

電車は3時間以上、その場で足止めとなり、結局、乗客は電車から降りて、線路の上を歩き、近隣の駅までたどり着いたそうです。

ちょうど通学に都合のいい時間帯だったので、渋幕の生徒も数多く乗っていました。同じ車両に、中学生もいるし、高校生もいます。電車が止まって遅刻することを学校に知らせなくてはなりません。

そのとき、最上級生となる高校3年の渋幕の男子生徒が、他の下級生に声をかけ、代表して学校に連絡を入れ、何年生の誰と誰が今一緒にいて、電車が遅れているので遅刻しますと、伝えたのです。個別に学校に連絡を入れると収拾がつかなくなると、とっさに判断したうえの行動です。

私はこの話を聞いて、「ほんとうに『現地集合、現地解散』を実施しておいて、よかった」と心から思ったものです。「現地集合、現地解散」の経験、つまり社会において自分で是非を考えて行動する経験があったからこそ、そのような行動ができたのです。

その高校3年生が学校に着いたのは、ゆうにお昼を過ぎてからでした。そして、「線路の上を歩く経験はめったにないので貴重だけど、もう二度と歩きたくはない」と言っていたそうです。

英語に触れるさまざまなチャンネル

国内の研修だけでなく、海外研修も行っています。

中学では渋幕がニュージーランド、渋渋がオーストラリアで、それぞれ2週間ほど、現地ホームステイを行っています。高校の研修は、渋幕と渋渋との共同運営で、ベトナム、シンガポール、アメリカ、イギリスにそれぞれ毎年10～20人の生徒を派遣しています。欧米諸国だけでなく、アジアの国への派遣も重視しているのが、両校の特徴です。

また学内の課外活動において英語に数多く触れる機会があるのも、渋幕・渋渋の特徴です。たとえば、渋幕には模擬国連同好会を筆頭に、English Performance、English Club、English Drama Clubなどの同好会が活動を続けています。渋渋には、模擬国連、ESS、Peer Tutoring、英語ディベートと、英語をツールにする部が四つもあります。

高校模擬国連とは、高校生が国連の会議を模して、世界の重要事項を討議する活動で、国内大会の上に国際大会も実施されています。２人１組で参加します。その国際大会にあたる「グローバル・クラスルーム国際模擬国連大会」（米国ニューヨークで開催）には昨年（２０

14年）まで、渋幕から6年連続で選出・派遣されました。とくに14年は「国連人権理事会」部門で最優秀賞、渋渋のコンビも優秀賞を受賞しました。

コラム4　英語スピーチコンテスト出場者の感想

◎5組　T・Yさん（最優秀賞）

1年のときから憧れていた英語スピーチコンテストに出られてよかったです。いろいろな人が応援してくださり、あらためて人のあたたかさを感じることができました。

◎1組　T・Aさん（優秀賞）

私にとってはじめてのスピーチコンテスト。もともと人前で話すのが苦手な私は、スピーチコンテストをやる前はとても不安でした。でも皆さんの応援のおかげもあり、ミスはいくつかあったものの、何とか成功させることができました。私は優勝は逃してしまいましたが、とてもいい経験になったと思います。

◎6組　A・Hさん
クラス代表になったものの、練習時間が少なくかなりピンチ……。しかし当日観客を見たらなぜかテンションが上がって、今までいちばんのレシテーションができました！！　でも、悔しいので来年リベンジします。

◎2組　Y・T君（帰国生スピーチ）
今回のスピーチコンテストでは、日頃、自分の考えていることを原稿にして話しました。声のトーンや大きさを工夫して、スピーチすれば、もっと皆に伝えられるかなと思います。

（学年紙『3（さぶ）×6（ろっく）＝18（じゅうはっち）』No.15　渋渋18期、中学2年より）

校外に飛び出す生徒たち

模擬国連のように、校外活動に参加したい生徒たちへの応援は積極的に行っています。

たとえば、チェスの中学生チャンピオンがいて、世界大会に参加している子もいます。ボルダリング（岩登り）の世界チャンピオン、将棋の高校女性チャンピオンも在学しています。フェンシングやヨットなどの競技に一人で取り組んで、東京オリンピックをめざしている生徒もいます。国体に参加するためには、高校体育連盟に加盟している必要があり、本校の教師が引率をしています。

また2015年には「科学の甲子園全国大会」で渋幕チームが優勝を飾り、サイエンスオリンピアド全米選手権に派遣され、バンジー・ドロップの部で5位に入賞しました。先輩がそのような校外活動に取り組んでいると、後に続く生徒たちも「自分たちにもできるのではないか」と思うようですし、いろいろな卒業生に講演をしてもらう機会が刺激になったりするようで、外に目を向けてチャレンジする生徒が少なくないのです。

このように生徒がやりたいということについては、できるだけ分け隔てなく対応していきたいと考えています。

ただし、いくら校外活動を応援するといっても、危ないことを勧めるつもりはありませんし、社会とのつながりを意識して活動するように指導しています。自分のやりたいことだけでなく、自由には責任がともなう、社会に必要とされることにしっかりとチャレンジしてほしいことを伝えています。

コラム5　数理の翼夏期セミナーに参加して（H組男子）

数理の翼とは、全国から集まった数理科学に興味を持つ約40名の高校生が参加する合宿方式のプログラムだ。昼間は、大学や研究所で第一線で活躍されている先生方による、高校の領域を超えた高いレベルの講義を受けることができる。また、夕食後は、夜ゼミという伝統があり、大学生のスタッフの方々や、昼間講義をしてくださった先生方と様々な分野について自由に議論することができる。（中略）

僕が興味を持った事の一つがフラクタルだ。面積を持たないのにその形だけが抜け殻のように残るフラクタル図形。発見された当初は悪魔図形と呼ばれたらしい。（中略）僕もフラクタル次元の解析の仕方はさっぱりわかっていなかった。しかし、〝まあ、フラクタルの不思議さを知っただけでも大きな成果だろう〟と思って満足していた。すると友達が、「フラクタル次元の解析をするプログラミングを暇なときに作ってみたい」と言い出した。「……」。唖然としてしまった。〝この人たちはどこまですごいんだ〟と思った。彼らの好奇心と探究心は収まるところを知らなかった。同時に、まだわからないところがあるのに満足していた、さっきまでの自分が恥ずかしくなった。(中略)新しいことを知る驚きや、発見の楽しさが本来の学ぶことの醍醐味なのだろうということがわかった。そして、その醍醐味をすでにわかっていて、実践している同世代の人がいる。そんな彼らと高1である今、出会うことができたのは本当によい経験だった。いつまで話していてもアカデミックな話のネタが尽きない他の参加者やスタッフに圧倒され続けた6日間だった。

(学年紙『Ensemble』No.47 渋幕32期、高校1年)

サッカー、柔道、野球——スポーツの活躍

運動面はどうでしょうか。

体育の運動能力テストを見ても、ごくふつうの平均的な中高生が集まっています。渋幕・渋渋のいずれも6月にスポーツフェスティバルを開催して、スポーツに慣れ親しむと同時に、生徒同士の交流を深めています。渋渋の場合は、都心の一等地という立地条件から、土のグラウンドがありません。学校からバスで40~50分くらいのところ、神奈川県川崎

市登戸には野球、サッカー、テニスのグラウンドがありますが、遠いので、学校から近い代々木公園陸上競技場を借り切って開催しています。

部活は、平成12年度に全国高校選手権大会に出場した渋幕のサッカー部が、実績としてはいちばん大きなものを残しています。当時、主軸として活躍していたのが、のちに日本代表としてサッカーワールドカップ南アフリカ大会に出場した田中マルクス闘莉王《トゥーリオ》さんです。彼はときどき母校のサッカー部を訪ねてきてくれます。現在は、名古屋グランパスに所属しています。フィギュアスケートで3度、冬季オリンピックに出場した井上怜奈《れな》さんも渋幕のOGです。

渋渋では、2008年北京オリンピック女子柔道52キロ級銅メダリストの中村美里《みさと》さん（現三井住友海上）が同年に高校を卒業しています。期待されたロンドンオリンピックでは、初戦敗退と悔しい思いをしました。その後、長く患っていた左ひざの治療のために長期療養し、今はそのひざも万全で2015年の世界選手権では金メダルを取りました。リオデジャネイロオリンピックでの活躍も期待しています。

最近では、2014年夏の高校野球千葉県大会で、渋幕野球部がベスト16に入るという快進撃を見せてくれました。5回戦、0対7で負けた相手は、その年、千葉県の代表として甲子園に出場した東海大望洋でした。

その試合、9回裏2死まで渋幕は走者を1人も出せず、あと1人で完全試合というところまで追い詰められました。左打席に立つのは、4試合ほとんど1人で投げぬいてきたエースでした。相手投手が投げ込んだ球をきれいにレフト方向に打ち返し、完全試合を阻止したのでした。試合には負けはしたものの、応援に駆けつけた保護者、生徒から惜しみない拍手が送られました。

そのメンバーのなかからも現役東大合格者を出しています。渋幕のような練習時間も限られた進学校が、なぜ野球も強いのか、特集記事も組まれました。部活に集中できる子は、部活を引退したあとの受験勉強でも、その力を発揮できると、よく言われます。2014年の渋幕野球部は、そのよい具体例の一つではないかと思います。

コラム6 教育実習生かつ渋幕卒業生からのメッセージ

◎25期生　担当教科・数学　T・Yさん

〈高校時代の思い出〉

部活（サッカー）が毎日本当に辛かったのを今でも鮮明に覚えています。一時期は昼食が終わるとだんだんと気持ちが沈んでいき、帰りのＳＨＲではほぼ「瀕死」状態でした。でも、今振り返ると非常に学べたことが多くありました。その学べたことのいくつかを皆さんに紹介したいと思います。

〈先輩からのアドバイス〉

まず、時間の有効活用。部活をやっている人はとくに「授業のペースは速いのに勉強する時間がない」と思っていることでしょう。しかし、誰であろうと少しの時間なら自由な時間があるはずです。その時間で「何をするべきか」優先順位をつけて選択していきます。私は部活等で時間がなかったおかげで逆に時間の使い方が少しうまくなったような気がします。

そして、「今」を考える。塾の広告にこんなのがありました。「先を考えると鉛筆は止まる。今日に集中すると鉛筆は走る」。確かにそのとおりだと思いました。皆さんもテストや部活、友人関係など多くの不安を抱えていると思います。しかし、先のことを考えすぎると不安になるだけです。今を頑張るからこそ先が見えてくるはずです。私も辛いときは「今頑張れば…」と思うようにして乗り切ってきました。

偉そうなことを書いてしまいましたが、振り返ってみると高校3年間はあっという間に過ぎてしまった感じがします。皆さんの高校生活はまだまだあります。後悔の少ないよう有意義な高校生活をおくってくれることを願っています。

（学年紙『一歩』No.22　渋幕31期、高校1年）

公立と私立はどう違うのか？

ざっと渋幕・渋渋の学園生活の様子についてご説明してきました。最後に、両校を志望される保護者の方からよく聞かれる、公立校と私立校の違いについて、簡単にご説明しておきましょう。

私はこの質問につきましては、端的に次のようにお答えしています。

「公立校は水道の水、私立校は井戸の水」

公立校は国と地方自治体が運営しているので、その性質上、どの学校も均質・均等でなければなりません。水道水と同じで、全国どこの蛇口をひねっても、ほぼ同じ水質の水が出てきてくれないと困ります。サービスの質に差があっては困るのです。

一方で私立校は、それぞれ違った個性を持ち合わせています。それは建学の精神が違い、めざすべき教育理念が違うからです。井戸のように、甘い水もあれば、苦い水もある。ミネラルを多く含んだ硬質の水もあれば、そうでない軟質の水もあります。その人の口に合えば、それ以上おいしい水はないでしょうし、口に合わないときは、これ以上ない悲劇といえるでしょう。

ですから、私立校の場合、その子の個性に合った学校に通うことができたら、目覚ましい成長を見せてくれることが多いのです。逆にそうでない場合は、生徒にとって重苦しいばかりの中学・高校生活になってしまいます。

私立校に通わせるには、公立校に通わせるより、最低年間100万円は余計にかかります。有料のサービスなのだから、それだけよいものだと思い込まれると失敗しかねません。

私が保護者の皆さんに、「わが子に合う私立校をぜひ探してあげてください」と口を酸っぱくして言うのには、そういった背景があるからです。進学実績にとらわれず、わが子に合った学校選びをぜひ実践していただきたいと心より願っています。

言い方を変えると「学校は生徒が作っているものです」というのが私立学校と言えましょう。

卒業生インタビュー1

今の僕は、自調自考の「副産物」です

立川志の春さん（落語家）

帰国生なのに、英語力が伸びた！

もともと僕は大阪の生まれで、父の仕事の関係でアメリカのニューヨークに3年3か月滞在して、帰国したのが小学6年生の7月でした。千葉県市川市の公立小学校に通い、僕としては、そのまま公立中学に進学するつもりで、中学受験という考えはまったくなかったのですが、母が渋幕の噂をどこかで聞きつけてきましてね。帰国生教育に力を入れていて、英語の授業が一般入試の生徒とは別に行われる。なかなか、よさそうな学校のようなので、「ためしに受験してみたら」と。

塾に通っていたわけでもないので、合格できるとは思っていません。「合格したら、今よ

りもっと長い時間、ファミコンをしていいから」という、餌につられる形で受験しました。

そのとき、帰国生試験で入学した生徒は10人。英語だけ一般入試の生徒と別クラスで、アメリカ人のネイティブの先生が、アメリカの教科書を使って授業を進めました。英語の授業といっても、日本人の生徒が英語を習うのとは違って、日本の国語のようなものですね。小説や物語を読んで、みんなで議論したりするのが主でした。帰国生は日本に帰ってくるなり急速に英語力が衰えるのですが、渋幕に通ったおかげで英語力を維持でき、さらに伸ばすことができました。

先生が『燃えよ剣』をくれたワケ

具体的なイメージはまったくなしで入学したのですが、ものすごく過ごしやすい学校でしたね。今振り返ってみると、心底、渋幕に入学してよかったなと思います。帰国生として6年生から小学校に編入したのですが、地元の公立中学生たちは「あいつ生意気だ」と僕の入学を手ぐすね引いて待っていたそうです。ですから、もしその中学に進学していたら、おそらく目立たないようにして英語は話さなかったと思います。

その点、渋幕では周りに自分と同じような帰国生が9人いて、素のままの自分でいられました。ほとんどプレッシャーなく過ごすことができた。それがよかったと思います。

中学時代の思い出としては3年生のとき、夏休み前に音楽を担当していた担任の女性の先生が、クラス全員に本を贈ってくださったことです。その先生は、それぞれの生徒が興味を持ちそうな本を選んでくれて、僕は司馬遼太郎さんの『燃えよ剣』を贈られました。それまで歴史には、ほとんど興味がなかったのが、その本を読んで俄然興味を持つようになり、司馬さんの本をほとんど読んでしまうくらい好きになりました。

そのとき、僕のすぐ後ろの席の生徒はファラデーの『ロウソクの科学』を贈られて、その後、理系の大学院に進んで、今は大学の研究者です。よく生徒のことを見てくれていたのだなと思いますね。

出たがりの僕がしでかしたこと

その頃から僕は目立ちたがり屋で、高3の文化祭では、最も仲のいい友だちと2人で漫才をしたこともあります。それがもう、どんすべりで、会場がし～んとなってしまいました。痛い思い出ですね。

学級委員をしたこともあって、高3の場合は、月に一度ある校長講話の進行を順番に担当するのですが、僕はB組で5月の校長講話の進行を、同じクラスの女の子と2人で担当しました。そのとき、ちょっとウケたので、うれしくなって、「このあとも僕がやります」と言って、そのあと年度末まで僕が進行を担当しました。ノーブレス・オブリージュについて話された内容は、強く印象に残って今でもよく覚えています。

そんな目立ちたがり屋だった僕ですから、落語家になると言い始めたときも、高校の同級生たちはそれほどびっくりしていませんでした。

海外大学受験のきっかけ

当時の僕は偏差値から逆算して進学先を決めるという世間の風潮に反発を感じていました。たとえばX大学に行きたいけど、法学部には入れないから文学部をめざす、というような。本来やりたい学問の内容で選ぶべきなのに、それでは本末転倒だろうと思っていました。

そうしたら、アメリカ人の英語の先生が、「ならばアメリカの大学に行けばいいじゃないか」と言ってくれたのです。アメリカの大学では入学時に専攻を決めないで、3年次から専攻課程に入るということも教えてくれました。それで、高2のときの「自調自考」論文で、アメリカの大学のしくみ、システムについて調べて書きました。

アメリカの大学は九つ受けて、そのうち五つで合格、二つは補欠合格、残り二つが不合格でした。最後に合格の知らせを受けたのがイェールで、何だか直感とでもいうのでしょうかね。「ここだ」と思って、イェール大学に進学することに決めました。

海外大学進学をめざしているとき、田村校長から声をかけてもらったことがあります。ちょうど高３のとき、クラスの学級委員としてコンビを組んでいた女の子も海外大学進学をめざしていて、「海外大学の進学を目標にしているんだって」と２人に声をかけてくださいました。そのとき、ＴＯＥＦＬの成績を聞かれて、女の子のほうが点数が高かったんですよね。彼女には「その調子で頑張りなさい！」僕には「まだチャンスはあるぞ！」と、田村校長はそれぞれにはっぱをかけて、当時あまり例のなかった海外大学進学への道を励ましてくれました。合格に必要なＴＯＥＦＬの点数までご存じなのには驚きましたね。

その彼女は僕と同じイェール大学に進学しました。これは複雑な心境でしたね。ゼロから出直そうと思っていたところに、小学校を出たての、まだ子どもっぽい時代の僕を知っている人が同じ大学にいるのですから。

校長先生にナイショで……

卒業式の答辞も、立候補して読ませてもらいました。通常、卒業生を代表して答辞を読むのは、成績がいちばんいい生徒なのですが、後輩に伝えたいことがあるやつがやるべきなのではないか、ということを先生に主張した結果、私がやらせてもらえることになりました。たしか、偏差値の上下に一喜一憂するのではなく、渋幕という学校が与えてくれる、いろんな学びの機会を大事にしてほしい、というような内容を伝えたのだったと思います。

そのとき先生方にお願いしたのは、答辞というものは在校生に向かって話すものなので、通常のように校長先生に向かってではなく、在校生に向かって話したいということでした。ただ、そうすると校長先生にお尻を向けて話すことになってしまうということで、それは通りませんでした。

ただ、どうしても何かやりたかったんでしょう。最後の一言を終えて、在校生の方へ振り向いたとき、思い切り満面の笑みを浮かべて振り向きました。その瞬間わっと笑い声が起きましてね。壇上の校長先生を始めとする先生方には見えない角度でしたから、「こいつ今何をやったんだ?」と思われていたことでしょう。ナイショです。あ、書いてしまいましたね。

「自調自考」に救われたアメリカ時代

アメリカでは、初日からたたきのめされましたね。「天才ってこんな人のことをいうんだ」というような学生が周りにたくさんいるのです。才能では、ほんとかなわない。どーんと落ち込みました。

たとえば、高校卒業の時点で、マイクロソフトから億単位でオファーがあったとか、あと100メートル走を10秒台で走るような学生とか。そういうのが単なるオタクとか、運動だけ優れているだけかと思うとそうではなくて、バイオリンを弾かせれば全米で何位だとか、授業に出ると歴史の知識がものすごいとか、二つも三つも秀でたところを持っている。そういう学生が、教授と対等にディスカッションを交わしているのです。

僕は、どの分野においても彼らほどのレベルにまでは達していない。素質だけでは彼らと太刀打ちできない。じゃあどうすればいいかと考えたとき、思いついたのが単純なことで、とことん自分で調べて、自分で考える、つまり自調自考の精神だったのです。

これはアメリカでの生活に本当に役に立ちました。友だち同士でふだん自調自考とか口にしたりすることはありませんでしたが、それは体に刷り込まれていますね。大学で何かにぶつかったとき、支えになったのがその教えでした。

落語家への道

イェール大学で4年間学んだあと、結局、僕は三井物産に勤めることにし、帰国しました。アメリカで生活してみて、あまりに日本のことを知らないということに気がついたからです。アメリカ人に日本のことを聞かれても、十分に説明することができない。もっと日本のことを知らないといけないと思ったのです。

三井物産には、2002年10月に落語家になるために退職するまで、3年あまり勤めました。今の師匠の立川志の輔の独演会で、はじめて生で聞いた落語に衝撃を受けて志の輔師匠に弟子入りしたのですが、ここでも自調自考が大いに役立ちました。

落語の師匠と弟子の関係は、いわゆる徒弟制度であって、決して先生と生徒の関係ではないのです。ですから、師匠は具体的には、何も教えてくれません。付き人として、ずっと付いていて、師匠のことをずっと観察しながら、自分で盗むのです。師匠と一体化するくらいまで、師匠のことを考えて、自分で芸を身につけていくことが大事で、それができない人はやめていくしかない。ですから、「教えてもらおう」という姿勢だとやっていけない。自分で学ぶ姿勢は、徒弟制度では絶対必要なものなのです。その点、僕には自調自考の基礎があったので、「なんで、教えてくれないのだろう」と戸惑うことはありませんでした。

弟も自調自考の「副産物」

このように、アメリカでの大学生活で、さらには落語家になってからと、自調自考は僕の心の支えになってくれています。実は僕の弟も渋幕出身で、イギリスのオックスフォード大学の数学科を卒業したあと、音楽の道に進みたいと同じイギリスのギルドホールという音楽大学に進学しました。その弟が、帰国したとたんに、「劇団四季のオーディションに合格したので、ミュージカル俳優になる」と言い始めたのです。

もちろん両親は大反対ですが、当時、僕が三井物産に勤務していたこともあり、「長男がちゃんとした会社に勤めているのだから」と、弟の劇団入りを認めたということがありました。それから2年して、今度は僕が「落語家になる」と言い始めたので、両親は大ショックだったと思います。ただ、これも自ら考え、自ら調べた結果がこうなので、わが家の運命は自調自考で大きく変わることになりました。要するに「自調自考の副産物」みたいなものです。でもまあそういう存在も含めて、多種多様な存在を認めてくれるというのが渋幕のよさであり、強みだと思います。

僕らが在校していた頃は、まだ東大合格者が出るか出ないかくらいでしたが、それからどんどん実績を伸ばし、今では大変な人気校だそうですね。僕もいろんな学校に落語をしに行くことがあるのですが、プロフィールで、渋幕、イェール大学、三井物産と紹介されるなかで、いちばん生徒のリアクションが大きいのが渋幕のところなのです。随分と学校の知名度も人気も上がったのだなと、OBとしてとてもうれしく思っています。（談）

立川志の春（たてかわ・しのはる）

落語家。１９７６年生まれ。95年春、渋谷教育学園幕張高校卒業。幼少時と学生時代合計７年間を米国で過ごす。米国イェール大学卒業後、三井物産にて３年半勤務。２００２年、立川志の輔に入門。古典落語、新作落語、英語落語を演じる。

4章

私はなぜ教育者になったのか

——生い立ちを振り返る

戦争の爪痕

ここで私の生い立ちについて、簡略に紹介させていただきましょう。各自の人生観、教育観が、その人の生い立ちと深く関係していることは言うまでもありません。私が生い立ちを語ることで、渋幕・渋渋という学校をわかってもらう助けになるかもしれません。

生まれは、1936年(昭和11年)2月26日、今年(2015年)で満79歳、数えで80歳の傘寿《さんじゅ》を迎えました。私と同年輩の方、または近現代史がお好きな方なら、私の生まれ日を聞いて、ピンとくることでしょう。そう、二・二六事件が起きた当日、産声をあげたのです。

事件を記録するさまざまな書物にあるように、この日は東京では珍しい大雪でした。私を産んだあと、産褥《さんじょく》熱を発症した母・らくは、氷嚢《ひょうのう》に入れた雪でもって高熱を冷ましたそうです。

天皇親政をめざし、青年将校が企てたこのクーデターは、高橋是清《たかはしこれきよ》蔵相ら4人の犠牲者を出し、3日後に制圧され、未遂で終わります。しかし、これを境に日本は大きく軍国主義に舵をとり、大東亜戦争へと突入していくことになります。

終戦の年、私は9歳でした。戦争により親をなくした戦災孤児、浮浪児が、私が住んでいた渋谷近辺でも、数多く見受けられました。戦争という非常時に幼少期を過ごしたことと、9歳という年端も行かぬ時期に自分と同じ年頃の戦災孤児を目の当たりにしたことが、その後の私の人生観、教育観に大きく影響を与えたことは間違いありません。

立身出世を志した父、働きづめだった母

父・國雄は、1902年（明治35年）に銀座の4丁目交差点にある和光の裏辺り、宮大工に関わる家の一人っ子として生まれました。小学2年生のときに父を亡くし、母親と2人きりになってからは、小学校を中退し、判子屋や魚屋、八百屋などで丁稚《でっち》奉公して母親を支えます。

ところが、いっこうに暮らし向きはよくなりません。このままではうだつが上がらないと思っていた父・國雄は、ある日、友人と2人で上野に出かけます。そして西郷さんの銅像の下に座り、眼下の町並みを眺めました。

今のように高層ビルがひしめき合う前のことです。東には浅草、南には神田、さらにその

先の銀座あたりまでが見渡せたことでしょう。そうした広大な眺めに意を強くさせられたのかもしれません。友人と2人で、「勉強して世に出よう」と固く契りを結んだのです。そのときの話は、生前の父から何度か聞かされたものです。「立身出世」という言葉がまだ健在だった、大正時代の話です。

そのとき立身出世を誓い合った友人は、苦学して東大の医学部を卒業し、医者になりました。一方、父・國雄はというと、当時の国鉄の品川操車場で電車の掃除をしながら学費を稼ぎ、その縁で鉄道省（今のＪＲ）が全国の鉄道関係者を対象に用意した奨学金制度に応募します。全国からの数千人の応募のなかから、たった2人が選ばれるという狭き門に、運よく合格することができ、そのおかげで一橋大学に進学し、学ぶことができました。

生前、父は奨学金制度というしくみに大変感謝しているということを、ことあるごとに話していました。本校の奨学金制度は、父の遺志を継いで作られたもので、おかげで経済的に決して恵まれているとは言えない家庭のお子さんにも、本校で学んでもらうことができるのです。

母・らくは１９０９年（明治42年）の酉年生まれ、何代も続く商家の一人娘でした。当時では珍しい日本女子大出身で、子どもには男女問わず大変教育熱心でした。この干支の生まれの人はニワトリのように働き者だと言われますが、それを裏付けるように、生涯働きづめの人でした。何せ私を含め9人の子どもを育てあげ、会社経営のかたわら父が設立した学校の運営も助けたのです。並みの女性では務まりません。ちなみに私は姉が3人に兄が1人、妹3人に弟が1人と、ちょうど9人きょうだいの真ん中です。

父・國雄は1970年（昭和45年）に67歳で亡くなりました。母・らくは明治・大正・昭和・平成の四つの元号を生き抜き、2001年（平成13年）に92歳の天寿を全うします。今、父母が健在だった子どもの頃を思い出すと、楽しくも賑やかだった食事どきの様子が目に浮かびます。

父と母を筆頭に、9人のきょうだいとお手伝いさんを含めると、10人をゆうに超える大所帯です。ちゃぶ台を二つ並べ、それを囲んで家族が座ります。ちゃぶ台ごとに、お味噌汁の鍋が二つあったことが、なぜかとても印象に残っています。大家族の楽しい会話のやりとりが、私たち家族を幸せで包んでくれました。

進駐軍のジープの香り

さて、小さい頃の私はといいますと、今から考えると掛け声だけは勇ましかった軍国主義の影響でしょうか、大変乱暴な子どもだったようです。私の幼児期の記憶の一つに、幼稚園の思い出があり、たしか青山学院の幼稚園に通っていたようなのですが、どうも記憶がおぼろげです。母に確認したところ、通うには通っていたが、いたずらが過ぎて卒園まで園にいられなかったそうです。いわゆる中途退園です。

小学校は、実家の近く常磐松国民学校に入学しました。実家は渋谷2丁目、並木橋にあり、今は歯科医院が建っています。小学校の低学年の時期は、ちょうど大東亜戦争の時期と重なり、空襲に備え、建物を壊して空き地を造る、いわゆる建物疎開を進める大人の姿がとても強く印象に残っています。

その後、並木橋から代官山に引っ越し、戦争中、長野県に学童疎開します。敗戦後、国民学校から小学校に変わった常磐松小学校に復学し、2年後に卒業しました。

戦後の混乱期、渋谷駅周辺にあった唯一のビルは東急東横店だけでした。ヤミ市の簡素で乱雑なバラックが並ぶなか、時折走り去る占領軍のジープが残していく排気ガスの臭いが、新しい時代を象徴する「香り」のような気がしてなりませんでした。

当時の大人の気持ちは忖度《そんたく》できませんが、先行き長い小学生にとっては、敗戦という現実を突きつけられても、へこたれたりはしません。私たち子どもは、新しい時代を象徴する「香り」であるジープの排ガスの臭いが大好きでした。

当時の世相を思い出してみると、菊田一夫原作の『鐘の鳴る丘』が人気を呼び、並木路子が歌う、映画『そよ風』の主題歌「リンゴの歌」が大ヒットしていました。私の住んでいた渋谷周辺は、5月の東京山の手を襲った米軍による大空襲で、一面の焼け野原です。工場もまだ稼働していません。進駐軍のジープ以外、車の通行が途絶えた都会から排ガスが消え、ふだんより東京の空がきれいに澄んでいたことが思い出されます。

何もないけれど青空だけある、という印象でした。

麻布入学

小学校5年も終わりごろになると、中学進学について考えなくてはなりません。私の選択肢としては、戦後の学校制度改革で、義務教育期限が9年に延び、その結果、義務教育の中学（新制中学）と旧制中学の二つの進学先がありました。

私が入学試験のない新制中学ではなくて、入学試験のある自由募集の旧制中学の麻布を選んだ背景には、9人の子ども一人一人に対して、とても教育熱心だった母の勧めがありました。また、幸いにも戦災からのがれた立派な校舎と、校庭のきれいな桜も、私の憧れの気持ちをかきたててくれました。

日ごろから、学校説明会などで「志望校選びは慎重に」と話している私としては、とても安易な志望動機でお恥ずかしい限りです。入試の倍率は、7倍ぐらいあったでしょう。今の中学入試だとかなりの高倍率ですが、戦後の混乱期で、受験生の学力には、随分バラつきがあったように感じます。幸い合格を得ることができ、麻布中学の1年生になることができました。

麻布の創設者、江原素六《えばらそろく》は1842年（天保13年）、江戸の幕府御家人の家に生まれました。鳥羽伏見の戦いで幕府側の指揮官として戦い、倒幕後は偽名を用いて沼津に逼塞《ひっそく》しますが、その後恩赦を受け、旧幕臣の子女の教育のために麻布をはじめ学校をいくつか創設します。

その後、自由民権運動のもと、政治への道に入り、立憲政友会の設立に参加。自らが創設した麻布の校長を、１９２２年（大正11年）に80歳で亡くなるまで務め、麻布中学の箱根の遠足に参加した数日後に亡くなります。

経歴が示すとおり、江原は新政府、つまり権力側から追い出された人材で、反権力という立場から常に時代を見ていました。豊かな識見を持っていたにもかかわらず、薩長権力からは追い出されたのです。

そういった経歴からして、福沢諭吉と同じように、終生権力側にはつきませんでした。のちに衆議院議員、貴族院勅選議員として政治の世界でも活躍し、その実績が認められて文部大臣になってほしいと要請されても固辞したという逸話が残っています。

「定期航路の教育」と「大航海の教育」

学校教育のスタイルは、大きく分けて「定期航路の教育」と「大航海の教育」との二つに分けられると思います。大人数を大型汽船に乗せ、定期的に目的地に送り届けるのが「定期航路の教育」で、公立校はあきらかにこのタイプです。

一方、生徒一人一人を船長として船に乗せ、大海原に乗り出させるのが「大航海の教育」です。基本は自由で、生徒一人一人の生き方を中心に据えて、そのために教育は何ができるかを考えながら教育活動をしていく。生徒が大海原を乗り切るのに必要な力を付けさせる。そのために見守り、ときに後押ししてあげるのが学校の役目です。麻布は、あきらかにこちらのタイプです。

麻布を理解するのに、もう一つ忘れてはならないのが、キリスト教の精神がその根底に流れているということです。江原はプロテスタント系のクリスチャンで、江原と一緒に麻布の創設に尽力し、のちに2代目校長となる清水由松もクリスチャンです。その2人の意向で、経済的に恵まれない家庭の子息でも、入学を希望すれば全員受け入れていた時期があります。

そういった自由な気質にあふれたクリスチャンのあいだで、クリスチャンのための組織を作ろうという気運が高まり、その結果できたのが東京YMCA（キリスト教青年会）で、江原はのちに5代目の理事長を務めます。

このように反権力、博愛的なキリスト教精神をバックボーンに持って生まれた麻布だけに、自由かつ独立独歩の精神にあふれた学校として成長していくのは、ごく自然の流れだったのです。

旧制から新制へ

さて、私が麻布の中学・高校に通った１９４８年（昭和23年）から54年（同29年）までの6年間は、敗戦の痛手から立ち直り、文化国家として再生していくために、いろいろな新しい制度の導入が試された時代と重なります。

終戦直後、文化国家建設の第一歩として、各学校で文化祭が催され、麻布でも戦後１回目の文化祭が行われました。その様子は、アサヒグラフに紹介されており、当時の様子をうかがい知ることができます。

その記事には、のちに俳優として大活躍するフランキー堺さん、俳優でラジオのパーソナリティーとして絶大な人気を誇った小沢昭一さん、「北の国から」などさまざまな名作ドラマを生んだ脚本家の倉本聰さんなど、そうそうたるＯＢが登場し、当時の麻布の文化的で自由な様子が伝わってきます。

そうした時代の風に合わせて、自由な校風で知られる麻布での生活がよほど私には水に合ったのでしょう。夢と希望に胸ふくらませた6年間だったように記憶しています。

麻布「中興の祖」の教え

今は行われていないようですが、当時の麻布では、今、渋幕や渋渋で私が行っているような校長講話が行われていました。当時の麻布は、3代目の細川潤一郎校長の時代で、私も中1、中2と、講話を受けました。新しい日本国憲法が発布されたばかりの頃です。学期に二度の講話で、細川校長は新憲法下における日本人としての考え方をよくお話しになっていました。

麻布は1995年に創立100周年を迎え、その際に記念誌を発行しました。その記念誌に、私が細川校長の追悼文を書かせていただくことになり、細川校長のことを詳しく調べさせてもらったことがあります。その一連の過程を通じて感じたことは、まさに細川校長こそ、今の麻布の礎を築き上げた「中興の祖」だということです。

細川校長は、元大審院判事で、弁護士に転じ、三菱財閥の弁護などを担当されるなど、法曹の世界で地位と名誉を確たるものにしていた方です。麻布から旧制一高、帝大というエリート街道を進まれており、当時帝大の合格発表では、入試の成績順位も公表していたのですが、細川校長は「独法」(ドイツ法)にトップで入学されています。

その後は、麻布の校長を務められる一方で、東京都の公安委員や国の中教審委員などを務められるなど、公の場でも活躍を続けられました。

細川校長が、OBたちによってその任に選ばれた理由の一つに、新潟県の高田(現在の上越市)のご出身だということが挙げられます。私も追悼文を書く際に現地に調べに出向いたのですが、もともとこの地は日本にいくつかあった自由民権運動の拠点の一つだったのです。

つまり細川校長は、麻布の創設者の江原素六と同じように、その成長過程で自由民権運動の影響を色濃く受けて育った方なのです。

その細川校長は1942年(昭和17年)に校長に就任されていますが、その3年後に終戦を迎え、じきGHQによる教育改革の嵐が吹き荒れます。戦後、新たなる民主主義国家を築き上げていくなかで、学校教育においても民主化教育が推進されます。

そうした新しい時代の風のなか、細川校長のような自由民権運動の精神を色濃く身にまとった方が、麻布の校長でいてくださったことは、当時の麻布にとって大変幸運なことだったと思います。自由という意識を強く持った中高生教育は、細川校長が作り上げてくれたものなのです。

今でも忘れることができないのは、細川校長ならではのお話しぶりです。細川校長は、講堂に集まった生徒一人一人の顔をじっと見ながら、それぞれに語りかけるような口調で、新憲法論、そしてこれからの日本人としての生き方、考え方をお話しになられました。そのお姿とともに、お話の内容は、今も心に強く刻みつけられています。

法律家でもあり、法政大学法学部長も兼務されていた細川校長は、新制度で入学してきた私たちに対して、格段、夢を託されていたようです。細川校長が校長講話をされたのは、新制度になってから入学した生徒たちに対してで、私はその2期生でした。

今私が渋幕・渋渋で毎月行っている校長講話は、もちろん細川校長のそれをモデルとしたものですが、30年ほど続けても、細川校長の域にはとても達しえないと自身の力不足を実感しております。ただ自分のできることとして、細川校長と同じように、生徒一人一人の顔を見ながら、話すよう心がけています。

「文芸活動」に打ち込む

麻布の6年間で、私が最も打ち込んだのは文芸活動でした。学生新聞を発行し、「青雲」

というタイトルの論文誌を定期的に刊行しました。学生新聞では論説委員を、論文誌では編集委員を務めさせてもらいました。

「文芸活動」といえば聞こえはいいですが、実態は子どものお遊びのようなものです。内容はといえば、時代が時代だけに、「永久平和について考える」とか、基本的人権の保障、国民主権、戦争放棄を謳った新憲法のもと、どのように新しい日本を築き上げていくか、といった内容の評論が主でした。

当時の日本国憲法がその代表的な例ですが、文化国家として再生していくために、当時はさまざまな施策、制度が導入されました。その後、朝鮮戦争特需が起き、わが国の経済は飛躍的に復興していきますが、まだ一般庶民は貧しくて苦しい生活を余儀なくされていました。ただ、いくら生活が苦しくても、自分たちで新しくこの国を建て直していくんだという、夢と希望にあふれていました。それぞれの執筆者が、そうした思いを胸にひめ、思う存分ペンをふるったものです。

見た目は拙い出版物ではありましたが、それを作るにあたっての情熱だけは誰にも負けませんでした。当時の仲間には、のちに運輸事務次官を務める中村徹氏、東京三菱銀行頭取を務めた三木繁光氏といったそうそうたるメンバーがいます。

劣等生から一転、優等生へ

さて、肝心の勉強はというと、お恥ずかしい話なのですが、実は最初、まったく勉強ができず、中学1年の最後の時点での成績は1クラス65人中の63番目の劣等生でした。もうこれは父にえらく怒られました。

原因は野球です。あとでも少し触れますが、私は巨人軍の終身名誉監督の長嶋茂雄さんと同年代で、大の巨人ファンです。生まれ世代として、日本の野球が戦後目覚ましく発展していく時期に中学・高校の時代を迎えています。長嶋さんが野球に夢中になったように、私も中学に入ってから朝から晩まで野球に打ち込み、その結果が、クラスで下から3番目の成績でした。

父に怒られるまでもなく、この成績のままではまずいなと思った私は、どうすれば成績を上げることができるかを思案しました。いろいろ考えた末、たどり着いた結論が、「とにかく予習復習をちゃんと毎日やろう」ということでした。

これは単純なことですが、実に効果がありました。30分でもいいですし、1時間でもいいのです。毎日コツコツ積み重ねていくと、まさに塵《ちり》も積もれば山となるで、年間を通すとかなりの学習量になります。続けていれば、それが習慣となり、やらないと何だか落ち着かなくなります。そうなれば、もうしめたものです。

たとえば、部活や学校行事があって、帰宅が遅くなったりすることもあります。それでも自宅学習をしないと気がおさまりません。何とかその時間を工面しようと、娯楽の時間を減らしたりします。時間の管理もうまくできるようになります。

あと、毎日の予習復習とともに、もう一つ心掛けたのは、身の周りの整理整頓でした。とくに勉強机の周りの整理整頓には気をつけました。今でもビジネス誌の特集記事などで、優秀なビジネスマンの心得として、デスク周りの整理整頓が挙げられているのを目にする機会があります。仕事も勉強も集中力が大事です。

集中力を増すためには、余計なものが目に入らないようにしておくことが求められます。目の前にマンガ本が置いてあったら、勉強には集中できません。実は、私が担当する校長講話で、中学1年生の最初に取り上げるテーマの一つが、この「整理整頓」で、自らの体験を踏まえて、整理整頓の効用について、お話ししています。

こうした心掛けを始めてからは、成績が右肩上がりで上向き、中学2年で30番台に上がり、中学3年では10番以内、つまり優等生入りし、高校卒業までそれを維持しました。

今も進学校はどこもそうですが、当時の麻布もクラスの最も成績のよい生徒が卒業式でクラスを代表して卒業証書を受け取るという慣例がありました。高校3年の卒業時、私も3組の代表として卒業証書を受け取りました。

同じように合格して入学してきたとしても、入学試験の成績には順位が付いています。上位で合格した生徒もいれば、繰り上がりでぎりぎり入学してきた生徒もいます。本校でも、とくに繰り上がりで入学してきた生徒の保護者の方のなかには、「ちゃんと付いていけるでしょうか」と心配を口にする方もいらっしゃいます。私がよく、「中学に入学した時点での成績は関係ありません。要は中学高校の6年間にどれだけ努力したかです」とお話しするのは、こういった私自身の経験があってのことです。

プライベートでは野球に熱中しましたが、部活動もどきで陸上競技を続けました。入部するときはそれを意識したわけではありませんが、あとから考えてみると、陸上は運動と勉強を両立させるには、非常にいい競技でした。なぜかというと、競争相手が時間、タイム、記録だからです。基本個人競技でもあるので、練習の時間や方法を、自分で工夫したり、やりくりできます。忙しいなら、忙しいなりの練習方法を考えることができます。

主に400メートル走とか、800メートル走といった中距離をメインにしましたが、ハードル走とか砲丸投げにもチャレンジしました。ただ自分なりに情熱を持って続けた陸上ではありましたが、進学校の部活動ということで、今振り返ると、決して本格的な取り組みではなかったように思えます。結果も自慢できるようなものではありませんでした。

東大受験の思い出

私が東京大学に進学したのは、1954年（昭和29年）、ちょうど第五福竜丸の被曝事故が起きた年でした。かれこれ60年以上前のこととなりますので、入学試験当時のことはこれといって思い出として残っていません。ただ一つ、今でも覚えているのは、試験の前日に有楽町に出掛けて、映画を観たことです。大学の受験雑誌に、「試験の前日に映画を観ると気持ちが楽になって実力が発揮できる」との記事があり、それを実践したのです。

映画館は、有楽町にあった有楽座です。先だって耳にしたところによると、つい最近、閉館になったそうです。映画のタイトルは覚えていません。というか映画の内容自体、見終わった直後でさえ、ほとんど覚えていなくて、不思議に思ったものです。リラックスするために映画を観に行ったのですが、試験を翌日に控え、頭のなかが試験でいっぱいだったのでしょう。ニューヨークを舞台にした、コミカルで軽いタッチの映画だったことをおぼろげながら覚えています。その効果があったのかどうか、見事、第一志望の東京大学に合格することができました。

東大の入学試験は、当時も2日に分けて行われ、私が受けた年は1日目が雪で、2日目が晴れでした。試験を受ける前に、すべって転んでしまっては洒落になりません。1日目の朝、転ばないように慎重に雪道を歩いて試験会場に向かったことをよく覚えています。

手ごたえとしては、数学はそれなりに「できた」という実感があったものの、その他の教科は何ともいえない、できたといえばできた、できなかったといえばできなかった、という感じでした。発表までの数週間、記憶をもとに何度も自己採点しましたが、あるときは合格点、あるときは不合格点と、採点のたびに合否が違い、やきもきしたものです。

合格発表の日は、当初午後に発表される予定が半日繰り上がり、午前になりました。友人が電話で知らせてくれて、慌てて発表会場に駆けつけました。もう、ここまでくると俎板《まないた》の上の鯉《こい》の心境です。心臓をドキドキ鳴らしながら、「えいやっ」と発表の掲示板を見ると、ありました。自分の受験番号と名前が、毛筆で縦書きされていたのです。今でも目を瞑れば、

「田村哲夫」と書かれた立派な筆跡を思い出すことができます。

「あぁ、よかった」。そのときの喜びと安堵感は一生忘れることができません。何も考えずに、大学合格という一つの目標にやみくもに突き進んだ、高校時代最後の経験は、何ものにも替えがたい貴重なものでした。

先に麻布中学に進学した際の動機を、母の勧めと記しましたが、東大に進学しようと思ったのは、兄の影響がありました。兄が東大の法学部の出身で、その勉学をする姿がとても凜々しく見え、いつか私もあのようになりたいと憧れたものです。幸い、ふだんの積み重ねのおかげもあり、現役で合格することができました。

百貨店の教育、専門店の教育

私が進学した当時の東大は、まだ旧制高校の先生方が、駒場キャンパスにいっぱいおられて、旧制高校の雰囲気があふれていました。

それと同時に、東大の駒場で感じたことは、「まあ随分たくさんの人がいて百貨店みたいだな」ということでした。中学高校で通った麻布は、そういう意味では典型的な専門店でした。

「百貨店みたい」というのは、広くいろいろな分野の先生方がおられ、いずれもその分野の最高域にまで達している、ということです。何でもあって、品質にもすぐれている。

麻布の場合は、私立校ということもあり、教員の数にも限りがあります。ただ、その個々の先生方の分野へのこだわり方が、とても深く、他の追随を許さない。そういう意味で、「専門店」と呼んでよいのではないでしょうか。

こうした二つの違ったタイプの学校を経験できたことは、のちに学校経営に携わるようになった際に大いに役立ちました。

東大の最初の2年間、駒場キャンパスで過ごした時代は、一般教養科目が主で、語学では英語、ドイツ語、フランス語、語学以外では、倫理学、社会学などを受講しました。なかでもとくにおもしろく感じたのは、東洋の音楽史や楽器研究の第一人者として知られる岸辺成雄先生の講義でした。当時、岸辺先生は教養学部の助教授だったと思いますが、のちに教授となり、日本における比較音楽学を確立されます。

実は先生のご実家は、日本で最も古くからある幼稚園の一つで、その園長を兼務されていました。私の父が学校を経営していたこともあり、余計に岸辺先生に親近感を抱いたようです。

もちろん音楽など門外漢の私に、その講義の真髄がわかるはずはありません。ただ、岸辺先生の東洋音楽に懸ける情熱と底知れぬ洞察力と知識、さらにそれを学生にわかりやすく伝える「教師力」にただ舌を巻くばかりでした。

新制になって間もないということもあり、当時はまだ旧制の第一高等学校や東京高等学校といった国立の7年制の高等学校の雰囲気を残したままの寮が駒場と三鷹にあり、クラスの半分くらいは寮生でした。その寮生の一人が、どういうわけか寝巻き姿で教室にやってきて、先生にひどく叱られた場面は、今思い出しても吹き出してしまいます。

法学部の黄金時代に学んで

3年からは、皆さんご存じの赤門がある本郷キャンパスです。私は法学部で学ぶことにしました。麻布での中学・高校時代に新聞や文芸誌づくりに熱中したことからも、おわかりいただけるかと思いますが、社会のしくみや社会正義について深く学びたいと思ったからです。

当時の東大の法学部は、法哲学者・尾高朝雄《ともお》との国体論争で知られる憲法の宮沢俊義、のちに文化功労者となる民法の川島武宜《たけよし》、元最高裁判所判事で、死刑廃止論の先頭に立った刑法の団藤重光《だんどうしげみつ》、第3代最高裁判所長官を務めた国際法の横田喜三郎、元最高裁判所判事で、文化功労者となる行政法の田中二郎、労働法の石川吉衛門など、日本の法学史にさん然と名を刻む、そうそうたる学者が名を連ねていました。いわば東大法学部の黄金時代とも言われる時期に学ぶことができたわけです。これ以上ない幸運に恵まれたといってよいでしょう。

その本郷時代で忘れがたい思い出の一つに、高名な政治学者の丸山眞男さんの講義があります。当時、丸山さんは東大法学部教授で、その講義をいくつか受講しましたし、ゼミ生ではありませんでしたが、何度かゼミにおじゃましたこともあります。とくに「日本政治思想史」の特殊講義は、中身の濃い講義でとても印象深く、私の大学時代の最もアカデミックな経験だったと思っています。

政治学者としてのその講義に感銘を受けた場面は何回かありますが、専門外の方にはご興味なかろうと思いますので、詳しく書き記すことは省きましょう。ここでは丸山さんの講義で最も心に残った言葉をご紹介いたします。

一連の講義の最後で、丸山さんは、ロマン・ロランの『ベートーヴェンの生涯』の一節をドイツ語で黒板に書かれ、ご自身で訳されました。

力の限り、よいことをなせ
何者にも変えて、自由を愛せ
たとえ王座のきざはしにあるとも
絶えて真理を忘るるな

この言葉は、今でも手帳に記し、肌身離さず持ち歩いています。

私の国家公務員試験受験と就職活動体験

今の学生もそうでしょうが、大学も3年になると、その後の進路を真剣に考えざるをえなくなります。麻布のOBは、とにかく「反権力」なのであまり国家公務員試験を受けようとはしません。のちに運輸事務次官を務めた同級生が1人いるくらいです。

ただ私の場合、せっかく法学部で学んだのだから、その知識を活かす職業に就きたいとの思いがまずあり、その選択肢の一つとして「国家公務員」を最初から除外するのは、あまりにもったいないと感じました。それで公務員試験も選択肢の一つとし、4年の夏に日蓮上人の生地である千葉の小湊（現・千葉県鴨川市）に数週間こもり、受験勉強をしたのです。どれだけ真剣に打ち込んだかといいますと、睡眠時間を削ってまで勉強し続けたため、最後には不眠症になり、なかなか寝付けなくなったほどです。

国家公務員試験には合格したのですが、自分が目標としていた成績には及びませんでした。それでは希望の省庁に任用される保証がなかったので、民間企業への就職に方向転換することにしました。

私が就職活動をしていた昭和30年代前半は、高度経済成長が始まったあたりで、鉄鋼や造船といった重厚長大産業が脚光を浴びていました。東大法学部でも、国家公務員をめざす学生以外で最も人気が高かったのは、その関連企業でした。

ただ私は、もとからあまのじゃくなのか、「鉄のことしか知らず一生を終えるのは味気ない。もっと世の中のいろんなことを知りたい、経験したい」と思ったのです。それで、あれこれ考えてみて結局、経済に関わる活動、つまり金融機関がいちばんそうした経験ができるのではないかと考え、銀行を受けることにしたのです。

原始の時代ではないのですから、人が暮らしていくうえで、お金のやりとりは欠かせません。それが暮らしの基本であり、人が最も人らしく振る舞うのが、経済活動だと思ったのです。

それで先輩に三菱銀行に勤めている方がいて聞いたところ、「うちは石橋を叩いても渡らない銀行だよ」と言う。それじゃあ、あまりおもしろくない。いろいろ調べてみると、どうやら住友銀行がなかなかおもしろそうだということがわかったのです。財閥系にもかかわらず、進取の気質に富んでいるらしい。また、もともとが大阪なので、東京の人にはそう馴染みがなくて、そういうところに敢えて就職するのが、ちょっとかっこいいように思えたのです。やはり、あまのじゃくなところがありますね。

当時はちゃんとした採用試験はなくて、大学と公務員試験の成績をそれぞれ持参し、面接のようなものを受けるだけです。同級生7、8人で行ったところ、私とあと2、3人が残され、「君たちを採用します」と言われ、役員面接をして就職が決まりました。

国家公務員から民間企業に志望を変え、さらに民間企業を選ぶ際には、当然父に相談しました。そのとき父に言われた言葉を今でも覚えています。そのとき父はこう言いました。

「お前たちは、自分たちでやりたい道が選べるからいいね。私たちがお前たちと同じ年ごろだった時代は、生きていくので精一杯だった。職業を選ぶというより、生きていくために、どの職に就かないといけないか、その思いだけだったよ」

それを聞いて大変ショックでした。生きていくために、職業選択の幅が限られていた父たちの世代にとっては、その職が合うか合わないかを考えられるだけで、大変贅沢なことだったのです。今、新卒で就職した会社員の早期離職が問題となっていますが、自分たちがとても恵まれた環境にあることを少し思い巡らせてみると、また違った道が見えてくるのではないかと思います。

かけがえのない銀行員時代

住友銀行には4年間勤めて、退職しました。父が体調を崩し、学校経営に十分携われなくなり、後継者として私に白羽の矢が立てられたのです。

銀行員としての4年間は、勉学に打ち込んだ大学の4年間とはまた違った意味で、私にとってかけがえのない期間となりました。ビジネスマナーから財務・金融のしくみ、企画・立案の仕方や商談相手との交渉術など、企業戦士として必要なことをみっちり仕込まれました。

なかでも、その後の私の人生に大きく影響を与えることになったのが、英語との本格的な出会いでした。英語そのものは元から不得手ではありませんでしたが、海外勤務に備えて6か月間、四谷の日米英会話学院に研修生として派遣され、朝から晩まで英語を習うことで、すっかり英語が「終生の友」となりました。

ちょうどその時期に、ちょっとした縁があって、アメリカを代表する経済学者でノーベル経済学賞を受賞したP・サミュエルソンの著書『インフレーション』の翻訳をお手伝いする機会を得ました。それがのちに著名な歴史家であるリチャード・ホーフスタッターの代表作で、ピュリッツァー賞を受賞した『アメリカの反知性主義』を私が翻訳するきっかけにもなったように思います。

組合対策で裁判に

体調を崩した父に代わり、私が学校経営に携わるようになった昭和30年代後半は、組合活動が盛んな時期で、その対応も急務となっていました。そこで私はもっぱら組合対策を担当することになりました。組合が大変無理難題な要求を突きつけてきたので、副委員長に辞めてもらったところ、不当労働行為で東京都の地方労働委員会に訴えられてしまいました。

私は大学で労働法のゼミをのぞいていましたので門外漢ではありません。それで弁護士なしで、私一人で戦うことにしたのです。向こうは総評の弁護団が付いています。今考えると随分無茶なことをしたと思います。

ところが、その訴えは結果却下されて、私のいる学校側が勝ってしまったのです。普通なら、経営者と組合の係争で、経営者が勝ちそうになると、和解に持ち込むものです。ところが相手側には弁護団が付いているうえに、こちらは私1人。負けると面子《メンツ》が保てないと思ったのかもしれません。最後まで争って、組合側が負けてしまったのです。これは当時、相当話題になり、新聞記事にもなりました。

係争に勝ったのはいいのですが、組合対策が主な仕事だった私は手持ち無沙汰になってしまいました。銀行を辞めて学校に入るにあたって、私は経営に従事するつもりで、教育に携わる気持ちはありませんでした。ところが、思わぬ展開で時間に余裕ができたことが、私の人生を変えることになったのです。

定時制の真剣な生徒たち

それは何かというと、空いた時間を使って、学校の定時制で教壇に立つことにしたのです。定時制で教員が不足していたので、その穴埋めの必要があったからです。

今はどうだかわかりませんが、当時は高校を卒業していないと正看護師の資格が得られなくて、中卒の人は准看護師の資格まででした。今のように高校進学率が100％に限りなく近い時代と違い、まだ中卒の方は数多くいました。その准看護師の資格の方が、正看護師をめざして、定時制の高校にたくさん通っていらしたのです。

彼女たちは、家計が苦しくて、中学卒業後、昼間、准看護師として働き、夜、定時制に学びに来ています。それはもう、ものすごい集中力で先生の話に聞き入るのです。私は自分なりに高校、大学と勉強に打ち込んできたつもりでしたが、彼女たちの真剣さと比べると随分のんきな学生生活だったものだと反省したものです。「こういう高校生活もあるのだ」と目を見開かされ、「教員という仕事もおもしろいな」と思うようになったのです。

実は、私の父が教育の道に入るきっかけとなったのも、私と同じような経験があったからです。先にも書き記しましたが、父は当時の鉄道省の奨学金で一橋大学を卒業し、その「お礼奉公」で同省に勤めていました。ところが、戦前の親方日の丸体質そのもののお役所では、そう仕事は忙しくなくて、時間に余裕があるわけです。それで、夜、麻布にあった獣医学校で教員として教え始めたのです。

その獣医学校は、目黒競馬場の競走馬の面倒を見ていました。目黒競馬場は１９３３年（昭和８年）に東京都府中市に移転することになり、約6万坪の敷地が売りに出されることになります。すでに教育の魅力に目覚めていた父は、その話を聞きつけ、学校開設のチャンスだと思い立ちます。母の実家を始め、親戚一同から多額のお金を借りて、その土地の一部を買い、１９３７年（昭和12年）10月、目黒商業女学校を開設したのです。それが現在の多摩大学目黒中学校・高等学校です。

その後、父は１９６２年（昭和37年）に渋谷教育学園の理事長に就任し、当時の渋谷女子高等学校の経営に携わることになります。それが96年（平成８年）４月に共学化し、中高一貫校化したのが、現在の渋谷教育学園渋谷中学高等学校です。


ざっと駆け足で私自身の半生を振り返ってみましたが、このように系統立てて自分の過去を振り返るのははじめての経験であり、懐かしくもあり、また冷や汗ものでもありました。いたずらが過ぎて幼稚園を途中退園させられたことや、中学1年のときに野球に熱中し過ぎたあまり、クラス65人中63番目の成績だったことなど、私立の学校の理事長、校長を務める立場の者としては、おおっぴらにしてよいものかとも悩みました。

ただ、せっかく渋幕・渋渋の学校の歴史を残すのですから、私自身の歩みも合わせて残しておきたいと思い、あえて恥になるようなことを披露させていただきました。

「なんだ、あの田村というやつは、いつも偉そうなことを言っているけど、大したことないじゃないか」と思っていただければ幸いです。

卒業生インタビュー2

人気アナの原点は、高校時代

水卜麻美さん（日本テレビ・アナウンサー）

入学したのは「運命」だった

2003年（平成15年）春に、渋谷教育学園幕張高校に入学しました。

もともと千葉県内の公立の中学校に通っていて、何となく高校も公立に行くものと思っていました。ところが、塾の先生が「（渋幕は）すごくいい学校だよ」と勧めてくださって、「そんなに先生方が『いい』という学校って、どんなところなのだろう」と興味を持ったのが受験のきっかけです。

たぶん塾の先生の教え子で渋幕に合格した人がいて、その人から評判を聞き、私に向いていると思われたのでしょうね。

当時は2クラス分しか募集の枠がなくて、私にとってはかなりのチャレンジ校で、「合格できるとうれしいな」というくらいの気持ちで入学試験を受けました。

でも、渋幕の入学試験を受けているときに、「もしかして、この学校に入学する運命だったのかな」と思う出来事がありまして。

何が起きたかといいますと、渋幕の試験の当日、試験会場に向かうバスと電車に乗っているあいだ中、一生懸命参考書を読んで最後の悪あがきをしていたのですが、最後の最後に覚えた数学の球体の公式を使う問題が、どんぴしゃで出題されたのです。

「これ、さっき覚えた公式を使えば、すぐに解ける！　うわ～」って。それで随分気持ちがリラックスできて、他の教科でも落ち着いて問題を解くことができました。

公立校の入試がいちばん最後で、それまで私立校を何校か受けていたのですが、奇跡的に渋幕に合格した時点で、即座に入試を終わらせました。渋幕には、縁があったのだと思います。

弱小チームで出会った大親友

高校時代、最高に楽しい3年間でした。何もかもが新鮮でした。まずうれしかったのは、電車通学できること。公立中学のときは徒歩でしたので。

あと、渋幕はＪＲ総武線の幕張駅とＪＲ京葉線の海浜幕張駅の中間あたりにあって、それぞれ歩いて10～15分かかります。その道のりを友だちとお話をしながら、一緒に歩いて登校するのが楽しかったですね。

意外と思われるかもしれませんが、私は人見知りで、今でも友だちと親しくなるのに時間がかかるタイプなのです。ところが高校から入学した生徒は2クラス、80人くらいしかいなくて、互いの距離が近いのです。そこでまず仲のいい友だちができました。

卒業アルバムより

問題は中学から渋幕に通っている生徒たちとうまく仲よくなれるかでした。カリキュラムの進度が違うので、当時は卒業するまでクラスは別々でした。選択科目で同じクラスになることはありますが、基本は別々で、一緒に活動するのは部活動の場しかない。でも、その部活動で、ものすごく仲のいい友だちができたのです。

私は中学からバレーボールをやっていたので、渋幕に入学してからバレー部に入部しました。同級生は私を含めて5人。高校からの渋幕生は当初は私だけだったのですが、バレー経験者も私だけで、もう一度、一から始めるという感じでした。そこで中学からの渋幕生と大親友になれて、その人たちの紹介で、さらに友だちが増えて、本当に部活は楽しかったですね。

成績としては、年に1回くらい予選で勝てればいいくらいの弱小チームでしたが、自分たちなりに真剣に練習しました。私はセッターをやったり、左利きなのでライトのポジションをやったり。弱くても、土日はもちろん夏休みもしっかりと練習しました。一度、2年生のときに、ある大会で奇跡的に勝つことができたときは、みんなで泣いて喜びました。

部活動のあとは、よくみんなでファストフードのお店や、大型ショッピングセンターのフードコートに立ち寄って、フライドポテトやメロンパンなどをペットボトルのジュースと一緒に飲んだり食べたりしながら「ああ、疲れたぁ」などと、みんなでおしゃべりをする時間が本当に楽しかったです。

校則は、ほとんど見たことがありません

私の通った公立の中学では、校則や先生の指導はとても厳しくて、前髪の長さも決められていて、スカートものすごくロングで、パーマや髪の毛を染めるなんてもってのほかでした。

ところが、渋幕はほんと自由で、茶髪の子もいたし、お化粧やピアスをしている子もいました。でも、それを厳しく禁じられることはありませんでした。

それも「自調自考」の精神なのでしょう。それが原因ですさんだり、道をはずしたりしなければ、どのようなことをしても何か言われることはありませんでした。

「自調自考」という言葉は、各教室に紙に書いて貼ってあって、田村先生の校長講話でも何度も使われ、今でも頭に刷り込まれています。高校当時は、友だちとの会話で、「それって『自調自考』だよね」と言ってみたり、ふだんから使っていました。今でも折にふれ、「自調自考」という言葉を思い出します。

校風にそれが表れていると思うのです。たとえば、年に何人かの方が、芸術系の大学に進学します。自分で調べて、自分で行くわけです。それを先生方は止めたりはしない。進路に限らず、基本何かを制限されたことはありません。校則は、ほとんど見たことがありません……。

生徒の側もすごくて、先生に止められないからといって、無茶をする人はいないのです。何となく空気を読む力を持っているというか、先生に言われなくても、「これ、だめでしょう」というふうに考える。あれだけ自由にさせてもらうと、逆に生徒は自分たちで考えて、ちょうどいいところにおさまるのでしょうね。校則がきつくなくても、みんなきちんとしていたと思います。

劣等生だった私を見守ってくれた先生

勉強だけでなく、スポーツを頑張っている子や、ものすごく絵がうまい子、さらにとてもオシャレな女の子など、生徒のほうも多種多様でしたが、先生方も個性が強くて、かつやさしい方が多かったですね。もちろん、厳しくすべきところは、厳しかったですけれど。

私の恩師の一人が、バレー部の顧問もしてくださった英語の先生で、英語をいちばん頑張りました。すごく明るくて、スタイリッシュで、わかりやすく、ハイテンションで英語を教えてくださるので授業が楽しかったのです。

もともと中学時代から英語は好きだったのですが、その先生のおかげでもっと英語が好きになり、結局その先生と同じ大学の同じ学部に進学することになりました。そして、大学では言語学を専門とし、英語と日本語の比較研究をしました。

あと私は理系が苦手で、とくに物理は壊滅的な点数しかとれませんでした。その私の点をつけようがない答案用紙から、一所懸命に点数を生み出してくださった物理の先生には、もう感謝の気持ちしかありません。

部活動に明け暮れ、友だちといっぱい遊んだ高校の３年間は、とても楽しかったのですが、ぜんぜん勉強をしなかったので、大学を受ける際に参考にする偏差値は散々なものでした。担任の先生からも「おまえ、そんなんじゃどこの大学も受からないぞ」と言われました。

ただ、それでも先生は、勉強を強要するでもなく、笑いながら励ましてくれるだけでした。実は、私は両親からも「勉強しなさい」と言われたことはありませんでした。本人の自主性に任せるという点では、両親と渋幕の先生方とでは共通していました。それが私にはよかったと思っています。尻を叩かれるようなことがあったら、途中でくじけていたかもしれません。

そんなふうに温かく見守ってくださる先生に対して、私は「いや、先生方に、絶対いい報告をしますから」と大口を叩いたのですが、それに対してもあきれることなく、「頑張れよ」と励ましてくださったのです。

そして、「合格しました」と進路室に電話を入れたときには、その場にいた全員の先生が拍手でお祝いしてくれました。本当に感謝しています。

「優等生」が素の自分を出せる場所

高校時代の3年間は、友だちとじっくりと仲よくなって、素の自分に気づくことができた時期だと思います。中学まではわりといい子で、結構真面目に勉強していて、学級委員を務めたりもしました。おそらく、今の自分の雰囲気とは、多少違っていたと思います。

渋幕に進学してみると、似たような空気感を持つ人が集まっていて、中学のときとはまた違って、自分の素を出すことができ、とても自由にさせてもらいました。クラスで「おバカ」なことをしたりするのに抵抗がなくなったのは高校時代からかもしれません。

今アシスタントを務めている『ヒルナンデス!』(毎月曜~金曜、11時55分~13時55分、日本テレビ系列)の登場の仕方などは、高校時代の友だちに言わせると、当時のままだそうです。

あのとき、あのような素を出すことを認めてくれたから、今の私があると思うのです。そうでなければ、もし今と同じ職業に就いていたとしても、また違ったタイプのアナウンサーになっていたかもしれません。

卒業アルバムでは、「へん顔がすごい人ランキング」「ムードメーカーだと思う人ランキング」に選ばれて紹介してもらいました。「ああ、みんなそんな感じで私のことをとらえてくれていたのだ」と思うと、とてもうれしかったですし、考えてみると、今の仕事につながっていますよね。

ところが、いわゆる「アナウンサー」というタイプではおそらくなかったので、高校3年のときの三者面談で「将来何になりたい？」と聞かれ、「アナウンサーになりたいです」と答えたとき、担任の先生は驚いて笑っていました。

その先生とは、昨年（2014年）5月に『おしゃれイズム』（日曜22時00分～、日本テレビ系列）の撮影で、渋幕を訪れたときに再会し、私が夢を叶えたことを喜んでくださっていて、とてもうれしかったです。

『おしゃれイズム』のスタッフから、「思い出の場所でロケをしましょう」と言われたとき、迷わず「母校の渋幕」と答えました。アナウンサーになってはじめての母校での撮影でした。当時の恩師の先生や、担任の先生方とお話をしていると、涙が出てきました。それだけ渋幕のことが大好きだったのです。そしてそこは、今の自分を作ってくれた場所でもあります。

母校の渋幕をテレビで紹介することで、お世話になった恩返しが、少しはできたかなと思っています。（談）

水卜麻美（みうら・あさみ）
日本テレビ・アナウンサー。1987年生まれ。2006年春、渋谷教育学園幕張高校卒業。慶應義塾大学文学部（英米文学専攻）卒業。2010年日本テレビ入社。「ミトちゃん」の愛称で親しまれ、情報番組『ヒルナンデス！』のアシスタントなどで活躍中。好きな女性アナウンサーランキングで2連覇（2013－14年）。

5章

グローバル社会を生き抜く力とは？

「2050年の世界」

中学・高校時代にあたる12歳～18歳は、人間の成長にとってとても大切な時期です。人生に大きな影響を与えるこの時期に、何を身につけておくことが必要なのか、本章では大所高所からこのことについて考えてみましょう。

まず、現在は非常に大きな変化が予想される、難しい時代であるという認識を持つことが必要です。世界的な経済誌『エコノミスト』に掲載された「2050年の世界」という記事が3年前、大きな話題になりました。

この雑誌はかつて、第2次世界大戦後、日本が経済大国になるという予想を発表したことがあります。その後、実際に日本は、世界の奇跡と言われた経済成長を遂げ、世界第2位という経済力をつけました。未来を的確に予測する知見と良識を持った、非常に信頼性の高い雑誌です。

そのエコノミストが掲載した「2050年の世界」という記事の結論では、日本はちょうど今のギリシャが置かれているような状況になるとの予想が示されています。現在の状態から予測して、35年後こうなるという予測です。

「本当」の国富

さらに、この記事が掲載されたしばらくあとに、同じエコノミストで世界経済の分析について多くの注目を集めた論文が掲載されました。題は“The Real Wealth of Nations”です。著者は、ケンブリッジ大学の教授で、サー・パルサ・ダスグプタという経済学者です。名前からすると、インド系の学者でしょうか。

“The Wealth of Nations”といえば、アダム・スミスの『国富論』のことですが、それに対して Real をつけました。「本当の」国の富についての論文ということでしょう。現実の今の世界を構成しているそれぞれの国々の富を分析すると、こうなるぞ、という論文です。

この論文の特徴に、富の計算方法があります。これまでは、富の計算をフロー、つまりGDP（国内総生産）などいわゆる生産財の流れの量で行っており、この量が多いほど富のある国、とされてきました。

この計算によると、世界1位はアメリカ、2位は中国、日本は中国に抜かれて3位です。

しかしこうした計算方法で、富をはかることは不十分だというのが、この論の主旨なのです。これからは、次の三つの要素を富の流れに入れるべきであり、それは、①財の流れ（フロー）、②教育・健康についての数値、③自然資産——であるという主張です。②の教育・健康についても数値化は可能です。国連では、人間開発指数というものを発表していて、それには教育・健康も指数に入っています。国家にとって、国民の教育の質や健康状態は、非常に重要な要素というのはわかっていましたが、これまで国の富を計算するとき、それは入っていませんでした。

また、③の自然資産は、その国の持っている資源のことで、これも重要な要素です。こういったものを含めた総計が、「本当の」国の富だと言っているわけです。

この方法で国の富を計算しなおすと、世界一はやはりアメリカ。2位は日本。中国は7位くらいです。総量ですので、これを国民1人当たりに直すと、世界一は、なんとダントツで日本になります。中国はランクに入りません。

日本は長寿国ですし、健康を維持するのにいろいろなしくみが整っています。医療についても国民皆保険制度をとっています。そういう意味で、国の富を考えれば、国民1人当たり日本が世界一、でも不思議ありません。

それが35年後に、ギリシャのように財政破綻に陥る国になるというのですから、これ以上のショックはありません。今を変えるということを真剣に考えないといけない。その記事を読んで私はつくづくそう思いました。

マララさんの惨禍

今の時代の流れをよく見ていると、深く考えなければいけないことが随分あります。たとえば２０１４年にノーベル平和賞を受賞したパキスタン人のマララ・ユスフザイさんが受けた惨禍についてです。今ではノーベル賞を受賞したことで、日本でもマララさんの知名度は格段に上がりましたが、この事件が起きた２０１２年10月のすぐあとの頃は、私が「この事件をご存じでしょうか？」と質問して、ご存じだった方はこれまで、だいたい40人から60人の方のうち１人でした。

この事件は、マララさんが15歳のときに起きました。彼女は非常に勉強熱心で、「女の子も勉強しないといけない」という活動をしています。ところが、イスラム教では、女性が勉強することを禁止しています。

ある日、イスラム教の原理主義のタリバンの2人が、マララさんの通うスクールバスに乗り込んできて「お前がマララか?」と確かめたうえで、その頭にピストルを2発撃ちこんだのです。

幸い彼女は一命を取りとめ、その後、奇跡的な回復力を見せ、快癒にいたります。

事件直後から彼女の身の上を気に掛けてきた私としては、ノーベル平和賞の授与式で彼女が元気な姿を見せ、堂々たるスピーチを披露する様子に大いに安堵したものでした。

この出来事は、人類が今のっぴきならぬ状況と向き合っていることを明示しています。人類はめざましい進歩を遂げていると言われる反面で、このような蛮行が横行しているのです。この事実をどうとらえればいいのでしょうか。

グローバリズムの時代

もう一つ問題提起したいのが、いわゆるグローバル化=グローバリズムの問題です。今の子どもたち、中高生が生きていく社会において、グローバリズムの問題は避けて通れません。この問題をどうとらえるか。

このグローバリズムがいつから始まったかというと、せいぜい今から20年くらい前です。1991年暮れにソビエト連邦が崩壊して冷戦構造がなくなり、超大国アメリカによる一極集中支配が始まったことで、グローバリズムが支配する世界になったと考えられています。

ちなみに、今「世界」という言葉が出ましたが、歴史を日本史と世界史に分けて、教科としている国は、先進国では日本だけです。

ところでこのグローバリズムですが、日本語の〝国際化〟とは別ものです。国際化というのは、国境があることが前提ですが、グローバリズムというのは、国境がない、あるいはあいまいであるということが前提になっています。これまでアメリカの一極集中だった世界に、中国とかインドとか新しい極が出てきました。いずれにしても、グローバリズムというのはこれから世の中で生きていくうえでの基本的な考え方であり、人間はこのなかで生きていくことを余儀なくされています。

こういった現状を受け、これからの教育において、「国境がない時代に人間がどう生きていくべきか」を最優先課題とすべきなのですが、まだ日本ではそのような対応がとれていないのは残念です。

教育にとって重要な「ライシテの原則」とは？

グローバリズムについては、こういった実例があります。第2次世界大戦後、EC（欧州共同体）がヨーロッパでできました。各国の諸組織を統合することで徐々に拡大し、当初6か国だった参加国は、現在のEU（欧州共同体）では28か国にまで増えています。

これは人類社会を明るくする試みであり、グローバリズムの典型であるということで、2012年12月、EUにノーベル平和賞が授与されました。つまりヨーロッパのいろいろな国の国境をなくして、一つの組織にしたことが評価されたわけです。これは世界全体がグローバリズムという方向に向かっていることを示す一つの実例です。

そして、EUがノーベル平和賞を受賞した年の夏、非常に注目すべき出来事が起きました。EUの中心国の一つであるフランスでの大統領選挙で、現職のサルコジ氏が再選を果たすと思いきや、社会党のオランド氏が当選したのです。

フランスでは、新大統領は「オマージュ」を述べるのが慣習となっています。つまり、自分が尊敬する人の名前を挙げ、その人となりや業績を褒め称え、最後に自分はその人物にあやかって大統領としての職責を十分に果たすことを宣言するのです。

かつてシラク大統領は、第2次世界大戦時の英雄でのちの大統領、シャルル・ド・ゴールを挙げ、ミッテラン大統領は著名な社会主義者平和主義者のジャン・ジョレスを挙げました。そして、オランド大統領が挙げたのは、ジュール・フェリーという、19世紀に活躍したフランスの政治家でした。

19世紀というのは、フランスが近代国家、民族国家として成り立っていく過程にありました。ジュール・フェリーは、義務教育を確立し、女子教育をきちんと行うことをフランスで根付かせるという功績があった人です。

ジュール・フェリーを取り上げたオランド大統領は、義務教育を非常に大事なことだと考え、グローバリズムのなか、フランスはどういう教育をしていくかを軸にオマージュを述べました。

たとえばフランスの義務教育を確立するために、ジュール・フェリーがかつて唱え、今日でも非常に大事にされていることに、「ライシテの原則」があります。「ライシテの原則」とは、要するに「宗教と教育を分離する」ということです。宗教と教育が分離されていないと、先ほどのマララさんの事件のような悲惨な出来事が起きてしまいます。

グローバリズム社会は、国境がないので、それぞれの国で育ってきている多種多様なまったく違う考え方・文化が直接、裸でぶつかり合う社会でもあります。ですからわれわれ日本人が、自分たちが伝統的に育ててきた財産としての文化とか価値観とか歴史観とか、ものの考え方をそれなりにしっかり持っていないと、グローバリズムのなかで日本人としての存在感がなくなってしまいます。

パルテノン神殿と伊勢神宮

グローバル社会での教育を考えるために、もう一つ、世界遺産を例にご説明します。ご存じのように、世界遺産には文化遺産と自然遺産と複合遺産の3種類があります。2015年現在、世界中にある世界遺産の数は千あまりです。その5分の4くらいが文化遺産で、5分の1くらいが自然遺産です。

自然というのが大事にされるのは、文化が形成される背景だからです。また、文化遺産がどういう意味で重要かというと、文化というのは人間の生き方の形、パターンのことです。地球社会、人類社会では多様な生き方があります。それぞれみな、何かを大事にして生きています。そういった生活の形が遺産になって残っている、これが地球上の今の世界文化遺産の形です。

しかし、生活のパターンですから、これは地域によって、まったく違う考え方があり、それぞれの生活のなかで大切にされているものは異なります。この問題が議題となったのが、1994年に日本の奈良で開かれた奈良会議です。

その会議では、世界遺産のAuthenticity、日本語に訳すと「真正性」となりますが、つまり出所の正しさが議論されました。具体的には、アテネのパルテノン神殿と伊勢神宮が取り上げられ、「真正性」が論じられました。

パルテノン神殿というのは、ヨーロッパ文化遺産かつ世界遺産第一号で、ギリシャにある二千数百年前に造られた石造りの神殿です。日本の伊勢神宮は、千数百年前に造られています。仏教が日本に伝来するより前に造られていることがはっきりしている宗教建築物です。

なぜ、仏教伝来前だとわかるかというと、柱の立て方が寺院と異なるからです。伊勢神宮は、土の上に直接、木の柱を立てています。いわゆる掘っ建て小屋方式です。土の上に直接、木の柱を立てると、木が腐ってしまい、建物が長続きしません。

仏教が日本に伝わってきたときに、同時に寺院の作り方も伝わりました。土の上に石を置き、その石の上に木の柱をのせる方法です。すると腐りにくい。千年もつわけです。伊勢神宮は、日本人がそのやり方を知らないときに造られているのです。

神聖な神社である伊勢神宮を掘っ建て小屋方式で建てていますが、これは長くもたないので、時期を決めて、昔どおりに建て替えるといったことをします。千何百年のあいだ、だいたい20年ごとに、建て替えています。建て方から、中身のしくみから、千何百年、昔のままなのだけれど、材料は全部最新のものに変わっていきます。出雲大社も60年ごとに建て替えています。これを遷宮といいます。

奈良会議での議論は、アテネのパルテノン神殿は確かに二千何百年前の石を使って造った建物ですから、間違いなく材料も全部、２０００年以上の歴史があるけれども、伊勢神宮はそれとはまったく違って材料が新しく、それを歴史的な遺産と言えるのか、ということでした。Authenticityというのは、そういうことです。議論の結果、伊勢神宮は世界の記念すべき遺産であると、奈良会議で結論が出て、世界遺産と認定されました。

この例から学べることは、グローバリズムの世界で人間が生きていくには、いろいろな地域でいろいろな考え方があり、そのなかでこれがどうもいちばんよさそうだということを、時間をかけて議論しながら、まとまったものを皆が納得することが大事だということです。

ですから、大切なことは、一つのことを決めた場合でも、それに固執しない。寛容性といいますが、それ以外を受け入れることができる考え方を持てる、あるいは違った意見に素直に対応し、議論する、という姿勢が求められる、非常に難しい時代になっているように感じられます。グローバル時代の社会ではIdentity＝自己同一性が確立されていないと生きていけないが、生き続けるためには、Tolerance＝寛容性がなければならないということです。

女性がさらに活躍するために

では、実際どのようなことが大切でしょうか。もう少し具体的な例を挙げます。

まず、女性の権利の伸張です。女性がちゃんと勉強していかなければいけない、女性がしっかりとした力をつけていかなければならないというのが、21世紀の大事な考えになります。人類はまだ半分しか働いていない、という考えがあります。多くの社会では、活動しているのは男性だけで、残りの半分にあたる女性には、スイッチが入ってないと指摘されています。これは今、国際社会で共通した認識になっています。

以前一度、女性の地位向上を目的に２０１１年に国連に新設された、ＵＮウィメンの初代事務局長のミチェル・バチェレさんとお会いする機会がありました。彼女は医師でもあり、父がピノチェト軍事政権のときに殺されたことで政治に目覚めて、チリで初の女性大統領になりました。UNウィメンの初代事務局長を務めたあと、再びチリの大統領となり、今に至っています。

そのとき彼女は、こうおっしゃっていました。

「今中学・高校で学んでいる生徒たちが社会に出て活躍する、これからの35年のあいだ、女性がさらに力を付け、人類社会でもっと活躍する方向へ向かうことがとても大事です。そのためには、ただ女性だけの問題としてとらえるのではなく、男性の理解が今以上に必要なのです」

まさに我が意を得たり、といった思いでした。こういったことを大人たちが、子どもたちにちゃんと伝えていくことが大事です。

日本の大学入試で問われる能力

さて、21世紀を生きるうえで、必要な力とは何か。社会に出るまでに、どのような力をつけておけばよいか。続いて、日本の大学入試について考えてみましょう。

教育機関としての高校までと、大学あるいは大学院との決定的な違いは、後者では教師と学生が対等だということです。対等な立場で、教師と学生が、共通の道具を使って意見のやりとりをする場が、大学であり大学院です。

そこで、共通の道具とは何かというと、知性とか理性といわれるものです。共通の道具である知性や理性を一定レベル保有していないと意見交換ができません。このレベルをはかるのが大学入試です。つまり、Aptitude＝適応する能力を持っているかどうかということを試すのです。

Aptitudeの中身には、能力的側面と非能力的側面があるとされています。さらに能力的側面には、技能的な部分と非技能的部分があります。ですから、この適応という能力は、要素に分けてみると、三つに分かれます。

具体的にいうと、能力的側面の技能部分というのは記憶力とか計算力です。試験というと、大人はだいたいこれを思い起こします。とくに高校までは、この部分が中心になっていました。

能力的側面の非技能部分というのは、知恵、つまり物事を論理的に考えられる力になります。最後の非能力的側面の代表例は、意欲、やる気のことです。

大学入試で、この三つの要素を総合的に判断しようというわけです。比率でいうと、10のうち技能が3、非技能も3、非能力が4だといわれています。いちばん大事な力は、実は意欲なのです。

今の大学（難関大学）の入試は、たとえば英作文だったら、「何々について論ぜよ」と、なります。それを英語で書くことが要求されます。文章のなかで、単語や文法のミスも減点されますが、書いている内容が、論理的に正しくない、あるいは不十分でも減点されます。英語の試験であっても、英語以外の力も全部調べています。

世界史もそうです。私が大学受験した当時は、ある時代のある国でどんなことが起きたか。それはどんな内容かという、知識のみを問う問題でした。今はそんな問題は珍しい。ある国である年代であることが起きた。それがどういうような影響を近隣の国に与えたか、あるいはそれが人類史上、どういう意味があったかといったことを問うようになっています。歴史の流れや全体像を知ってないと答えられない問題に変わってきています。

理性の力、知性の力

これには国際化の影響があると言えます。たとえば、OECD（経済協力開発機構）では、高等教育の結果、身につける力として具体的に四つの項目を挙げています。一つ目は、問題発見能力、二つ目に批判的能力です。三つ目に伝達する能力、あるいは人から聞く、人に伝える力です。最後に協和力、協調力、人と協力して仕事ができる力です。

OECDは、この四つの力を身につけることが高等教育の目標だと提言しています。そのためにどういうことを大学で教えたらよいかを、大学修了者あるいは大学院修了者にアウトプットすることが求められています。つまり、結果を意識して学びの内容を示せ、ということです。

大学の授業でも、この授業は何を目的にして、学生の何を鍛えようとしているのかということが問われ、その狙いをシラバスを通じて学習者に示すことが求められています。大学教育の内容は、大学での教師と学生が〝理性の力〟〝知性の力〟を使って相互理解を深めることで、作り上げられるわけです。

ここでいう理性はどういうものかというと、英語でReason（リーズン）、フランス語だとRaison（レゾン）、ドイツ語Vernunft（フェアヌンフト）といいますが、この〝理性〟の力というのはデカルトが、非常にわかりやすい定義をしています。

デカルトによれば、〝理性の力〟とは、多様な意見やいろいろな考え方があるなかで、どうも今の状況、今の段階では、これがいちばんよさそうだということで〝選ぶことができる力〟のことです。これがまさに、グローバリズム時代を生きる力なのです。

先ほど、奈良会議の例を出しましたが、ヨーロッパの人には想像もつかないようなことを、千何百年も守って大事にして、自らの文化を大切にしている民族が地球上にいました。ヨーロッパの人は、石の文化しか知りませんから、残っていないものには価値がないと思っていました。ところが、日本の木の文化やアフリカの土の文化といった異なる文化にも価値があるということになりました。伊勢神宮と同じように、アフリカでは６００年続けて毎日補修する土の神殿が世界遺産になりました。

グローバル社会で生きるというのは、まさにその考え、つまり「異なる文化にも価値がある」という考えを実践することなのです。いろいろな考えがあるけれども、それを広い心で受け入れて、一人一人が自分の生きる道を、自分なりに考えていく、そのために役に立つ力が、理性なり知性だということです。

中高時代に、この理性の力を身につけるための方法はただ一つです。授業をしっかり聞く、しかも探求心を持って聞くことです。要するにこれは、「質問しなさい」ということになります。

中高時代6年間、授業をしっかり聞いて、とにかく質問していくと、自然にこの理性が形成されるように、授業は作られています。受験体験記でも、ほとんどすべての合格者が言っているのは、やはり「授業をしっかり聞け」「質問しろ」ということですね。

生徒たちには、理性、知性を身につけるには大学が役立つのは事実ですので、大学というのはそのための組織だという話をいつもしています。

21世紀は高等教育の世紀だとも言われています。一人一人が自分の理性の力を高めることが求められているのです。

卒業生インタビュー3

新入生だった私に任せてくれたダンスパーティー

平野拓也さん（日本マイクロソフト代表執行役　社長）

できて間もない学校の魅力

渋幕には高校からの入学で、1989年春卒業の4期生です。

入学した当時は学校の周りは何もなくて、体育の授業や部活動のときにとにかく「走れ」「走れ」と青春ドラマのように、今マリンスタジアムがある浜辺のあたりまで走らされました。ちょうど1年生の途中から、近隣の開発が本格化して海辺が閉鎖され走れなくなったのですが、それまではヘロヘロになるまで走らされた。それが高校に入ってすぐの思い出ですね。

もとの生まれは北海道で、父の仕事の関係で大阪に移り住み、小学5年の頃に千葉の船橋に引っ越してきました。そして高校を受験するにあたり、千葉の高校の事情をいろいろ詳しく調べたところ、渋幕がおもしろそうだなと思ったのです。

まず学校ができて間もなくて勢いがある。当時の高校としては珍しく、海外への視点を幅広くもっている。あと実際に学校も見学しましたが、できたばかりということもあって、校舎や講堂といった学校設備も新しくて斬新でしたし、先生方のなかにも、元オリンピックの選手がいたり、ブラジル人の元プロのサッカーの選手がいたりして多彩でした。当時はまだ今のように大学進学実績の高い学校ではありませんでしたが、勉強の実力もだんだん上向いているような感じがあって、おもしろそうだなと感じたのです。

それで志望校の一つとして渋幕を受けることにしたのですが、周りはみんな塾に通っているなか、私だけ塾に通っていなかったのです。

これは家庭の方針で、公立にしろ私学にしろ、受験にあたって塾など行く必要はない。とにかく自分の力で乗り切りなさい。アメリカ人の母に、「塾に行かせて」と頼むと、「拓也、自分を信じなさい」という返事が返ってきました。とにかく、アメリカン・スピリットなのです。

自分で企画・実現させたダンスパーティー

高校の３年間はとても楽しかったですが、入学してすぐ、高校１年のときはむちゃくちゃ楽しかったですね。

私は、母がアメリカ人で、父も海外企業の日本法人に勤めていたこともあり、家族で洋画を見る習慣がありました。アメリカ映画の学園ものだと、定番のようにスクールダンス、いわゆるダンスパーティーの場面があり、その印象が鮮明にあったので、高校生になって、「スクールダンスを渋幕でやりたい」と思い立ったのです。

日本の学校ではそういう慣習がないじゃないですか。せいぜい小中学校のフォークダンスくらいですよ。そういったおとなしい催しでなく、アメリカの学校のスクールダンスのような活気のあるものをやってみたかった。それで企画書を書いて、教頭先生に持っていったのです。

入学したての１年生が、それまで例のないスクールダンスをやりたいと申し出ても、普通は却下されるでしょう。私も「ダメ」と言われると思っていたのですが、意外にもＯＫを出してくれて、予算も付けてくれたのです。

生徒会とか、ちゃんと学校から認められている組織が申し出たのならともかく、普通の生徒がその友だちと共同で出した企画です。それが認められるのですから、「この学校はすごいな」と思いました。普通の学校なら、「ダメ」から始まるのですが、この学校では「やってみなさい」から始まるのですから。

結果、秋だったかそのイベントを開催したのですが、あまり盛り上がらなくて残念でしたね。みんな興味を持ってくれて、100人くらい集まったのですが、学園祭でよくあるバンドのライブみたいになってしまって、思い描いていたような光景にはなりませんでした。でも、いい思い出ですね。

私の家族は、両親ともに日本人の家庭とは違う面があり、中学ではその差異に戸惑うことがありました。ところが渋幕では、「自調自考」をはじめとして、学校の雰囲気が非常に自分にフィットしていて、素のままで過ごすことができました。

型にはまらないクラスメート

この「自調自考」という言葉を、田村校長は校長講話のたびに繰り返してよくおっしゃっていました。とてもわかりやすいメッセージですよね。その点、田村校長は首尾一貫しておられました。私の場合、その言葉が「刷り込まれた」というより、もともと自分が持っていた価値観と非常にマッチしたなという感じです。

ただ校長講話のときに困ったことがありまして、当時から私は背が高かったので、とても目立ったのです。それで校長講話のときに、話を聞かずにふざけている生徒がいると、「こら、そこの平野の前の生徒」というふうに、先生が注意する際の目印にされるのです。私はもともと目立つので、おとなしく聞いているのに、そのうちどういうわけか、「平野、おまえも前に出ろ」ということになったりして……。あれには弱りました（笑）。

それにしても型にはまらない、ユニークな個性をもった生徒が多くて、彼らとの会話がおもしろかったですね。私のクラスでは、かなりのクラスメートが東大と京大、早稲田、慶應に進学しました。今のようなスーパー進学校ではなかったのですが、とにかく地頭のよい子が集まっていた。

ただ、それだけでなくて、絵がやたらうまくて芸術系の大学に進んだ生徒や、すごく変わっていて、すべての本に精通しているような人、あと勉強もするけど、他の時間は空手のことしか考えていないような人とか、とにかくみんなユニークでした。

当時から国際交流が盛んで、交換留学生として海外に行ったクラスメートもいますし、わが家もホストファミリーとして、海外からの留学生を2人受け入れました。その1人は、渋幕の生徒と結婚して、今アメリカのワシントン州に住んでいます。あともう1人は、トーマス・ローダーデールといって、ピンク・マルティーニというアメリカの人気ジャズアンサンブルのリーダーです。2012年の紅白歌合戦に由紀さおりさんが出演した際に、アメリカ・ポートランドからの中継で共演したのが彼です。

2年間の宣教師生活からシリコンバレーへ

高校時代は、将来のビジョンについては、あまり明確に考えてはいませんでした。具体的に、こういう職業に就きたいという希望はありませんでした。ただ、「インパクトのある仕事をしたい」とは思っていました。「ありきたりな人生でないほうがいいな」と。あと自分の生まれ育った環境とか、父の働きぶりを見ていたことから、国際的な環境で仕事をしていくのだろうなという漠然とした思いはありました。

そういう考えもあって、結局、アメリカの大学に進学することに決めました。自分のバックグラウンドを考えてみると、見た目が他の日本人と少し違うので、それによって正しく評価されていないような気持ちをずっと抱いていました。自分の本当の実力はどこにあるのだろうという思いがあり、それでいろいろなことにチャレンジしてきました。

中学のときに生徒会長を務めたのもそういう気持ちからで、高校になってスクールダンスのイベントを企画したときもそうでした。アメリカの大学への進学を決めたのもその延長線上で、自分の素材が何でできているのか、見定めたかったのです。

アメリカの大学に進学する前に2年間、キリスト教の宣教師として大阪で活動しました。これは人生のなかでもいちばん印象に残っている経験でしたね。2年間、給料などの手当てはなく、活動費は前もって自分でアルバイトして貯めて行きます。その間は、ただ聖書を読むというわけではなく、ボランティア活動をしたり、相談ごとに乗ったり、とにかく人が幸せになるために何ができるかだけを考えて働く日々でした。テレビや映画も見ませんでしたから、自分のために生きるのではなく、他の人のために生きるという貴重な経験をすることができました。

この間は、もう1人の同僚と2人1組となって、ずっと行動するのです。2年間で10人以上の同僚と組みましたが、相手を好きか嫌いかにかかわらず、24時間一緒に行動しないといけないのです。嫌でも一緒にいないといけないので、とにかく相手を理解しようと努めます。あとは忍耐です。このことにより、人間としての本質的な感性を鍛えられました。

大学を卒業してからは、最初シリコンバレーにある日系の商社で、半導体ビジネスを2年間、手がけました。ちょうどシリコンバレーがバブルの時代で非常に盛り上がっていたこともあり、もっとインパクトのある体験をしてみたいと思い、ソフトウェアの会社に移りました。その会社の日本支社に１９９８年から勤務することになり、２００１年には日本支社長を任されました。

05年にマイクロソフト株式会社に移り、11年から3年間は日本を離れ、東欧を中心とした25か国の事業を担当したあと、14年に日本に戻り、今年（15年）7月に日本マイクロソフトの社長に就任しました。

インターナショナルスクールを作る夢

実は前の会社で日本支社長をしているときには、卒業以来はじめて田村校長との接点があったのです。私には、自分の価値観として三つの譲れないものがあります。まず家族、そしてインテグリティ、日本語でいうと誠意、誠実さでしょうか。それとクリエイティビティ、創造性です。

当時、何かクリエイティブで、インパクトのあることをやりたいと考えた結果、教師や大学の教授などがよいと思ったのです。そうはいっても、教えるだけでは1年もすると嫌になるだろうとも思い、もっと継続性のある骨太なことに取り組みたいと、いろいろ考えたところ、千葉県にインターナショナルスクールを作ろうと思い立ったのです。当時千葉県にはインターナショナルスクールが一つもありませんでした。帰国生徒の数が、東京に次いで2番目に多いにもかかわらず、です。

文部科学省の担当部局の方に相談したり、千葉県の知事室に行ったりするなど、いろいろと方法を模索したのですが、結局、千葉県ではまだ環境が整っておらず、設立はむずかしいということで頓挫したのです。

ところが、私が日本マイクロソフトに移ってからしばらくして、千葉県の知事室から電話があり、「いよいよインターナショナルスクールを設立します。その件でご相談に乗っていただきたい」との依頼を受けました。それで弊社が持っているテクノロジー関連のノウハウを、どういうふうにインターナショナルスクールで活用できるか、レクチャーと提案とアドバイスをさせていただいたのです。

その学校こそが渋幕が学校運営に加わっている幕張インターナショナルスクールで、2009年に設立されました。

自分が思い描いていた夢を、最終的には田村校長が実現してくださったことになります。

不思議な縁を感じますね。自分の持っている素地を萎縮させることなく、活かせる環境を提供してくれた渋幕に心から感謝しています。（談）

平野拓也（ひらの・たくや）
日本マイクロソフト代表執行役 社長。1970年生まれ。89年春、渋谷教育学園幕張高校卒業。米国ブリガムヤング大学（Brigham Young University）卒業。Kanematsu USAなどを経て2005年にマイクロソフト株式会社入社。14年日本マイクロソフト執行役 専務。15年7月より現職。

6章

次世代のための道徳教育

道徳とは何か？

前章ではグローバル社会の特徴を詳しく検証しました。次世代のための道徳教育を考えるときも同様に、まずもって私たちはグローバル社会のなかで生きているということを認識しなければなりません。つまりさまざまな価値観があるなかで、普遍的な唯一の道徳教育というものは存在しえないということです。国によって道徳教育のあり方は違って当然なのです。日本も遅ればせながら、今まさにようやくこの点を意識できるようになってきたようです。

さて、道徳教育を論じるとっかかりとして、私が日本ユネスコ国内委員会の会長、副会長を10年ほど務めたあいだに、いろいろな外国人と接した経験をご紹介しましょう。

彼ら彼女らと仲よくなってから最初に私が聞くのは、「あなたの国は何をいちばん大事なテーマとして考えて教育するんですか」ということでした。

アメリカ人の回答はだいたい「キャラクター・エデュケーション」（Character Education）が中核にあるというものです。実は『Character Education』という本があります。この本はあまり日本では知られていませんが、レーガン政権の教育庁長官が中心になって作ったベストセラーです。内容は、子どもに一定の行動様式や態度を獲得させて、自主的に一定の価値を志向して、理想を自覚させていく教育について論じられています。

項目で言うと11項目。すなわちCitizenship（市民としての行動）、Compassion（憐み）、Pity ないしはSympathy（同情）、Fairness（公正）、Honesty（正直）、Integrity（誠実）、Perseverance（忍耐、不屈、不倒）、Respect（尊敬）、Responsibility（責任）、Self-Discipline（修養）、Trustworthiness（信頼性）です。

果たしてこれを道徳教育と言ってよいでしょうか？　私は違うと思います。これは道徳教育を構成する一部分でしかありません。日本で言うと、いわゆる「躾」に近いものです。

道徳教育に挑戦するフランス

私の考えでは、日本は躾を道徳教育としてとらえるレベルにとどまっています。そこに問題があるのです。

躾でとどまってしまう理由は何でしょうか？　この点について考えていきましょう。

教育の目標は今や「人格の完成」であり、基本的人権というものを意識しているにもかかわらず、そこへの考慮が日本人には足りないようです。

基本的人権というのはフランス革命とアメリカの独立革命から生まれてきた考え方であり、多様な権利の総称で、グローバル社会で重要視されている考え方と言っていいでしょう。

つまり「自分の人生は自分が決める」という考え方です。その権利は誰にも侵されない。その意識こそが近代社会を生み出したのです。

参考になる国はフランスです。私が考えるような道徳教育の原点を示した国がフランスなのです。実は、フランスは今年（2015年）、全国一斉に道徳教育を始めます。すなわち、5章で説明した宗教と政治を分離する「ライシテの原則」のもとにおける道徳教育です。道徳というのは、人間にとってそれがないと社会が形成されないような、非常に重要な要素なのですが、道徳の起源をさかのぼっていくと宗教を外して本当に成り立つのか、という問題に直面せざるをえません。宗教と離れて道徳教育に取り組もうとすると、大変な苦労が待ちかまえていることが予期されますが、フランスはそこに挑戦したのです。

フランスの道徳教育の具体的な中身については、まだ詳細までは明らかになっていませんが、どうやら政教分離の原則のもと、現代的な課題を見つけ出し、それを解決する努力を最も大切にしようというものらしいです。

日本でも最近、道徳教科書の検定基準が発表されたことをご存じでしょうか。検定は平成28年度から始まる予定ですが、その際の検定基準の骨子案が大筋了承されたのです。基準として、「生命の尊厳」「伝統と文化」「情報化への対応」など現代的課題を入れることとされています。また、討論を主体とした問題解決型学習や体験学習ができるような構成にする、ともされています。これらはご想像のとおり、フランスの道徳教育のテーマの中心なのです。

また、環境問題のように多様な見方が可能なテーマを取りあげることも留意点の一つとなっており、完全にユネスコの現代的課題（後述）の一つです。

このように、道徳教科書の検定基準には専門家がしっかりと関わっている様子がうかがえて、よい流れにあると評価しています。

ユネスコに学ぶグローバル化の影響

今、現代的課題が道徳教育で取りあげられる趨勢《すうせい》を確認しましたが、私たちが心のなかで道徳的な感性として意識している中身は、グローバル化の影響が相当な部分を占めています。

この点を考えるためには、ユネスコが掲げている「近代化の四つのテーマ」が非常に参考になります。

第一に、教育の成果について国際的に共通認識を持ち続けていくということ。これは、いわゆる格差の是正のために必要なことです。人間が平和に幸福に生きるためには格差を拡大させない、そしてそれを是正する方向に行く、ということが非常に大事です。それを実現するために、教育成果について国際的に共通認識を持つ。

第二に、質の高い教育の実現と公平性の確保。たとえば、ある国で十分な教育がされていないということをなくしていくということです。そうした国々に支援をすることで、地球社会全体がよくなる。ひいては日本もよくなるという感覚です。

第三に、その展開としてのＥＳＤ（Education for Sustainable Development）。つまり、地球温暖化問題などの環境教育や、差別のない社会をめざす教育です。残念ながら私たちの世界には、男女差別、年齢による差別、貧富の差別などが依然として存在しています。それらが固定化していかないように、意識していくことが必要です。

第四に、さまざまな活動に、ＮＰＯのような多様な関係者が参加していくということが大事であり、それを受け入れなければいけないということです。そのことが社会が柔軟で健全に発展していくための条件になるのです。

以上の四つの課題というのは、私たちがこれから生きていく、そして道徳教育を考える重要なポイントです。

これらは、日本でも何となく賛同されるような土壌はありますが、明確に意識化して行動に移していくということが、次のステップになるでしょう。

道徳は、400万年前に遡って考えよ

中学・高校の時期の子どもたちと関わることは、とてもおもしろいものです。この時期は「人間ができ上がっていく時間」という実感がするからです。サル学で有名な山極寿一《やまぎわじゅいち》先生(京都大学総長)によれば、ホモ・サピエンスの脳が完成する時期は12、13歳から17、18歳なのだそうです。この期間を大事にしてやらなくてはいけない。人間は、思春期を経てカタカナの「ヒト」ではなくて漢字の「人」になるのです。

我田引水めきますが、中高一貫教育というのはそれゆえ、よくできたしくみなのです。中

学と高校を本来は分断してはならないのです。知性を磨いてそれを自己意識にまで高めることができるのが、思春期なのですから。

思春期には、いわゆる認識行為ができるようになります。代表的なのは「性の認識」でしょう。次に「メタ認知」。そして社会のなかにおける「自己認識」。そのときに「道徳的自己意識」を形づくるお手伝いをすることが、私の道徳教育についてのポイントです。基本的な躾の上に、道徳的自己意識を形成することで、道徳教育は完成するのです（71～76頁の資料2「校長講話年間スケジュール」参照）。

躾としての道徳教育は経験的にどの民族も持っていますが、日本でも幼稚園や小学校で行われているものと言っていいでしょう。一人一人の人間の、人間としての発達を意識した教育を道徳教育のなかに積極的に加えていくことが大切なのです。

このように、道徳というのは人間の成長発達に関わることで形成されるものだと私は考えています。

そもそも400万年ぐらい前、アフリカの北部で私たちのルーツとなる原人が生まれたようです。その後いろいろな変種が生まれ、20万年ぐらい前に生まれたホモ・サピエンスはその一つでした。ホモ・サピエンスは適応力が高く、脳みそのことばの部分を支配するところが非常に発達していました。

このようにルーツを遡ると、地球上のあらゆる人種が同じホモ・サピエンスなのです。ところが今でも人種間の争いが絶えません。それゆえ私は、道徳教育の議論は400万年前まで遡るべきだと考えているのです。

宗教に頼れない時代だからこそ

その後、ホモ・サピエンスが最初の大きな変化を遂げたのはおよそ5万年前。すなわち、時間の観念を持ったことでした。時間を知ったがゆえに、人類は他の動物と違う文化を生み出したのです。

そして、今から2500年ほど前に地球上の各地で生まれた思想が発展して、人間の生き方をずっと支配しています。つまり、中国で孔子が、インドで仏陀が、ギリシャでソクラテスをはじめとする哲学者たちが生まれました。この時代をショーペンハウエルという哲学者は、人類における「知」の基軸（Axis）時代と呼んでいます。つまり私たちはこの頃に出された思想を越えていない、というのがショーペンハウエルの定義です。

孔子は「仁」、仏陀は「慈悲」、ギリシャ思想は「契約思想」を生み出しました。これらはいわば宗教であり、その基本は「人間の欲望の内的抑制」です。そして、これこそが道徳の源泉だと私は考えています。それゆえ、宗教と離れて道徳教育を実践しようとすると、ものすごく苦労するわけです。

ところが今、原理主義的宗教の問題が深刻化しており、2500年前に発生した宗教ではもう解決できない、近現代的な諸問題が生まれてしまいました。

宗教に頼れない今、私たちは知性を大事にして、広げていくという努力をする必要があると思っています。今「反知性主義」という言葉が流行していることは2章で触れましたが、この兆候は日本が道徳にいよいよ取り組まなければならない証拠であると私は受け止めています。

現代では、道徳というのは知性（インテレクト）なのです。知性に頼るということが、近代的道徳のあり方なのです。

ちなみにポール・ジョンソンという学者でありジャーナリストであるイギリス人が『インテレクチャル（Intellectuals）』という本を出していますが、インテレクチャル＝知性を持っている人たちの代表として、最初に取りあげている人物はジャン＝ジャック・ルソーです。

これは大変おもしろい指摘です。というのは、ルソーの中核にある発想は先ほどから私が強調してきた基本的人権だからです。もっと言えば、ルソーは「人間は幸福になることを求める。幸福に生きることを求める。それは自然のままの人間が、それを実現できる。人間が幸福になるためには、その人間が自分のことを自分で決めることによって実現できる」と考え、それが基本的人権の発生につながっていくわけです。それが道徳教育の根幹にあると私は考えています。

ここで『インテレクチャル』の最初の文章を一部紹介します。「18世紀に入り教会の力が衰えてくるにつれ――つまり1648年、17世紀のなかばウエストファリア条約ができてライシテの原則が広がっていくたびに教会の力はどんどん衰えていく――そうすると、それまでと違うかたちの指導者が現れて空白を埋め世間の関心を集めた。世俗の知識人、疑心論者、懐疑論者、無神論者のこともあったが、大司教や長老と同じように人生をいかに生きるべきかを進んで語りだした。人間のために献身的に努力し、自分の教えによって人間を進歩させる福音伝道の義務を果たすことも、まずもって宣言したのである」。

不幸なニッポンの道徳教育

最後に、日本の道徳教育について触れておきたいことがあります。

今さらながら、非常に不幸な歴史があったことを指摘せざるをえません。

そのときの衝撃は今でもよく覚えています。私が東大法学部で川島武宜先生から民法を習ったのですが、最初の授業で先生は民法を教えないで、『菊と刀』という本について講義したときのことでした。

この本は太平洋戦争中、アメリカ政府から委託を受けて日本占領政策決定のため、日本研究に携わった文化人類学者のルース・ベネディクトが著したものですが、その中身は日本の知性というのがいかにお粗末かということが綴られていたのです。たいへんなショックでした。先生にとっても、また講義を受けていた私にとっても。

川島先生はまさに日本を代表する知性でしたが、おそらく先生が打ちのめされた最大の理由は、彼女の指摘した「恥の文化」「原罪の文化」という分析より、ルース・ベネディクトが女性だったという事実だっただろうと思います。川島先生の時代には、日本では女性は大学へ行けなかった。ところがアメリカという国は重要な仕事を、女性に担わせたのです。日本の文化には「独慎」とか「自ら顧みて直くんば千万人と雖《いえど》も我行かん」（吉田松陰）という孟子の思想も色濃くあります。しかし女性を格下に扱ってきた日本という社会で鍛えてきた知性というのは、はたして世界で通用するのだろうか。

こうして日本人の知識人たちは自信をなくし、道徳教育を崩壊させてしまったのではないでしょうか。なぜなら、近代における道徳教育というのは繰り返しになりますが宗教ではなく、知性だからです。

日本を考えるならこの3冊を読みなさい

この自信喪失は乗り越えなければいけません。そのために今、私が若い人に言っているのは、日本を考えるなら、この3冊の本を読みなさい、ということです。

つまり、新渡戸稲造の『武士道』、岡倉天心の『茶の本』、内村鑑三の『代表的日本人』。たとえば『武士道』の目次だけでもご紹介しますと、「第一章　道徳体系としての武士道の淵源。義、勇、仁、礼、信、名誉、忠義、武士の教育および訓練、克己、自殺および復旧の制度、刀、武士の魂、婦人の教育および地位」とあります。

「婦人の教育および地位」は武士道のなかでは高く評価されています。だから武士の世界では女性が卑下されていたということはありません。私たちはそれを正確に理解していなかったのです。

このように私たちはこれら3冊から、多くの発見をすることができるでしょう。

さて、これら3冊に共通しているのは何でしょうか?

すべて明治維新の直後に書かれたものであり、原本は全部英語だということです。これら3冊が、今なお世界的に日本人の考え方を広めているのです。そこに立ち返って、日本人の原型を確認するということが大事です。

また、これらの本がどうして世界中で読まれたかというと日本人の文化（生活パターン・考え方）がすぐれているからではなく、日本が日清戦争に勝ったからです。欧米列強の予想に反し眠れる獅子と言われ世界から恐れられていた中国に日本が勝利し、世界中を驚かせたため、日本人を知るための本が売れたのです。

こうして「日本には特徴ある文化がある」という認識が世界中に広まりました。

私たちはその事実を前提として、日本の文化の根幹をなす道徳を考えていく必要があるでしょう。それは、次世代のために道徳教育を考える際のポイントの一つになると考えています。

そして、私が行っている渋幕・渋渋の校長講話は、私の考えてきた「道徳教育」そのものであると思っています。

卒業生インタビュー4

繁華街の中心で、柔道に打ち込む

中村美里さん（女子柔道選手、北京オリンピック銅メダリスト）

2015世界柔道選手権大会で金メダルに輝く
（©読売新聞社）

柔道が結んでくれた縁

渋渋は高校での募集がないので、編入という形で、高校1年から渋渋に通うことになりました。小学3年から柔道を始めて、中学の大会で私が通っていた相模原の中学校と渋渋が対戦したことがあり、それが渋渋の名前を知った最初です。渋渋の柔道部はとても強くて、団体戦で私の通っていた中学は負けてしまいました。

その後、今私が所属している三井住友海上女子柔道部の練習に参加する機会があり、そこに渋渋の柔道部の選手が練習に通ってきていました。監督や柔道部の他の関係者の方も一緒にきていて、それが縁で渋渋の柔道部にお世話になることになりました。

学校の始業は午前8時20分。八王子から1時間半かけて通学しました。高校時代は柔道の練習に明け暮れていて、（学校の最寄駅の一つの）原宿に行ったこともありませんでした。学校が渋谷の繁華街のど真ん中にあって、そんな賑やかなところにあることに、まずびっくりしました。

大人びた同級生たち

渋渋は高校募集がない完全中高一貫校なので、授業はだいぶ先取りです。中学卒業の時点で、高校1年までのカリキュラムを終えています。私の場合、高校1年の分がまるっきり抜けているので、最初は授業で何を教えているのか、よく理解できなくて、付いていくだけで大変でした。

ただ、学校の先生が個別に補習をしてくださったり、柔道の合宿とか大会で欠席したときはクラスの友だちがノートをとっておいてくれたり、とても手厚くサポートしてくれて助かりました。クラスのみんなが支えてくれるので、自分も「頑張ろう」という気持ちになりました。

学校の雰囲気は明るくて、みんな仲がよかったですね。これにもびっくりしました。それまでの公立中学校だと、男子と女子とが仲よくしていると、ひやかしたり、ちゃかしたりする生徒がいたのですが、渋渋では一切そういうことはありませんでした。自分にはそういった大人びたところがなかったので、「みんな大人だなぁ」と、とても感心しました。

学校行事の悲喜こもごも

学校行事では、6月頃に開かれるスポーツフェスティバルが楽しかったですね。いくつかある競技のなかから、自分が好きな競技を選んで出場するのですが、私は障害物競走などが好きで、よく出場しました。何に驚いたかというと、スポーツフェスティバルは学校の近くの代々木公園にある織田フィールドという専用の陸上競技場を借り切って開かれるのです。全天候型の本格的なレーンがあって、「すごいなぁ」と思いました。

文化祭は秋の開催でした。柔道の大きな大会が秋から冬にかけて集中するので、私はみんなが文化祭の準備をしているのを端から見ながら、柔道の練習に打ち込んでいました。文化祭に本格的に参加できなかったのは残念でしたね。

支えてくれた人たち

柔道部の練習は学校の授業が終わって、午後3時半ごろからだいたい3時間でした。とてもメリハリのある練習で、集中するときはみんなで集中するし、リラックスするところはリラックスするといった感じで、とても効率的な練習でした。

おかげで、個人としては、高校1年秋に講道館杯全日本柔道体重別選手権の48キロ級で初優勝し、強化選手に選ばれました。それまではジュニアの扱いで、大会で3位以内に入ると強化選手になれるので、「まずはそこを目標にしよう」と監督や部長と話していたのですが、優勝することができました。クラスのみんなも、「すごいね」と喜んでくれて、私もとてもうれしかったです。

田村校長には、励ましの声をかけていただいたり、校長講話で私の活躍を取り上げてくれたり、ふだんから気に掛けてくださって、とても感謝しています。それまでの学校生活の経験だと、校長先生というのは、なかなか見かけることはなかったのですが、田村校長はよく校内を歩いていらして、生徒と話をされていました。とても生徒との距離が近くて、「こういうのって、いいなぁ」といつも思っていました。

校長講話はむずかしかったですね。ただ、自調自考という言葉は、いい言葉だなと思います。柔道でも同じことなのです。人から教わることも大事なのですが、自分で調べて自分で考えることも同じくらい大事なことです。柔道を続けていくうえでも、大事な言葉だと思っています。

「自調自考」論文は、減量をテーマに、調べて考察して書きました。ちょうど高校2年のときが、減量でいちばん苦しんでいた時期で、論文を書く作業を通じて、自分が抱えていた課題と正面から向き合うことができました。

恩返しは金メダル！

2012年のロンドン五輪のあと、長いあいだ傷めていた左のひざを手術して、リハビリから練習再開まで1年くらいかかりました。これだけ長い期間、柔道から離れたのははじめてのことです。いろいろ自分を見つめ直したり、柔道のことを考えたり、とても貴重な経験でした。今は気持ちも手術したひざも万全で、今年（2015年）の世界選手権では金メダルを取ることができました。今は2016年のリオデジャネイロ五輪に向けて、練習に明け暮れています。

五輪では、08年の北京で銅メダルを獲得したものの、12年のロンドンは初戦となった2回戦敗退と、いずれも目標である金メダルに届かず、悔しい思いをしました。私の柔道選手としての最終目標は五輪での金メダルなので、次は必ず獲りたいという気持ちが強くあります。

渋渋での3年間は、本当に多くの方に支えられ、めぐまれた環境で柔道に打ち込むことができました。五輪のような大きな大会ですと、マスコミなどで大きく取り上げられるので、お世話になった方にも私の活躍を見てもらえます。そうした大舞台で活躍することで、渋渋でお世話になった方に恩返ししたいと思っています。（談）

中村美里（なかむら・みさと）
女子柔道選手。１９８９年生まれ。２００８年春、渋谷教育学園渋谷高校卒業。現在、三井住友海上女子柔道部所属。08年北京オリンピック銅メダル。12年ロンドンオリンピック２回戦敗退。15年世界柔道選手権大会金メダル。階級は52kg級。得意技は小外刈。

7章

これからの教師像

社会の変化にともなって

今から3年前の2012年8月28日、文部科学省に設置されている中央教育審議会において、「教職生活の全体を通じた教員の資質能力の総合的な向上方策について」と題した答申が取りまとめられました。このまとめの答申案は私が中教審の委員として教員養成部会長を務めたときに作成したものです。この章では、渋幕・渋渋から少し離れて「日本のこれから」という視点から教員養成を述べることにします。

前章で詳しく見たように、グローバル化や情報通信技術の進展、少子高齢化など社会の急激な変化に伴い、先行きが不透明な社会となっています。そのようななか、学校の現場において求められる人材育成像も確実に変化しています。

なかなか見通しのつきにくい21世紀を生き抜いていくための力を育成するため、これからの学校は、基礎的・基本的な知識・技能の習得に加え、思考力・判断力・表現力などの育成や学習意欲の向上、多様な人間関係を結んでいくためのコミュニケーションなどの力の育成が重視されてきており、学校への期待感・役割はますます大きなものになっていると感じます。

このように、社会の変化とともに新しくなる学びに対応するためには、それを支える教員はどのようにあるべきなのか、また教員の養成はどのように行っていくべきなのか、渋幕・渋渋の教員が置かれた現状などを織り込みながら、この章で考えてみたいと思います。

中央教育審議会の答申が示す教員の資質

答申では、いじめ・暴力行為・不登校等への対応、特別支援教育の充実、ＩＣＴ（情報通信技術）の活用など、さまざまな諸課題への対応についても言及していますが、ここでは、これからの管理職・教員に求められる資質能力について述べることとします。

これからの社会で求められる人材像を踏まえた教育の展開を図るためには、教員として社会からの尊敬・信頼を受け、思考力・判断力・表現力等を育成する実践的指導力を有し、困難な課題にも対応できることが求められます。また、社会の急速な進展のなかで、絶えず知識・技能の刷新が必要となることから、教員が探究力を持ち、学び続ける存在であることも不可欠です。

答申では、これからの教員に求められる資質能力を、以下のように整理しています。

①教職に対する責任感、探究力、教職生活全体を通じて自主的に学び続ける力（使命感や責任感、教育的愛情）

②専門職としての高度な知識・技能

●教科や教職に関する高度な専門的知識（グローバル化、情報化、特別支援教育その他の新たな課題に対応できる知識・技能を含む）

●新たな学びを展開できる実践的指導力（基礎的・基本的な知識・技能の習得に加えて思考力・判断力・表現力等を育成するため、知識・技能を活用する学習活動や課題探究型の学習、協働的学びなどをデザインできる指導力）

●教科指導、生徒指導、学級経営等を的確に実践できる力

③総合的な人間力（豊かな人間性や社会性、コミュニケーション力、同僚とチームで対応する力、地域や社会の多様な組織等と連携、協働できる力）

修士レベルでの教員養成が必要

一方、こうした教員の養成につきましては、修士レベルでの養成が望ましいとされています。学部から直接大学院に進む学生の場合、学部4年間で基礎的な素養を学んだ者が、大学院において学校現場での実習を組み込むことで、修了後不安なく学校現場に入っていけたという声が多いからです。

また、現職のまま大学院で学ぶ教員の場合も、他の教員や社会人・新卒学生など、さまざまな経歴を持つ者が集まり、従前の研修では得られない刺激を受けたり、これまで経験と勘に基づきがちであった実践を理論的に省察する機会を得られたりしています。

これまでの教員の力を育んできた学校の機能が、教員の大量退職や学校の小規模化、学校現場の多忙化などにより弱まり、時代の変化に対応できる視野の広さと高度な専門性を教員が持ち続けるための機能として、修士レベルでの教育が期待されているのです。

欧米諸国では、修士号以上の学位取得者が社会のマネジメント層の相当部分を占める状況となっていることに加え、フィンランドやフランスなどでは教員養成を修士レベルで行い、専門性の向上を図っています。今後、グローバル化がさらに進展し、国境を超えた人材の流動性が高まることが予想されるなかで、わが国でも高学歴化による修士レベルでの教員養成が進むと思われます。

なお、こうした学びを学部レベルで行えないかとの考えもありますが、学部においては、教養教育と専門分野の基礎・基本を重視した教育が展開されており、教科の専門的知識や学校現場での体験機会の不足、ＩＣＴの活用など新たな分野への対応の不足が指摘されています。

また、これからの教育は、どのような教育活動の展開が学習成果に結びつくかという、学習科学等の実証的な教育学の成果に基づいて行われることが望まれていますが、そうした実証的なアプローチについての教育研究も踏まえ、やはり修士レベルで行うことがふさわしいと考えられます。

学び合い、高め合う研修を

さらに、養成段階ではなく現職教員のための資質能力向上も大事です。そもそも養成期間よりも、その後の教職生活のほうが圧倒的に長いことから、現職教員の資質能力の向上が図られなければ、全体の質の維持・向上は見込めません。

そのため、教職生活全体を通じて学び続ける教員のために、多様なキャリアプラン（系統立てた学びの方向性）を用意する必要があります。

教員免許更新制に基づく研修、独立行政法人教員研修センター、都道府県の教育センターにおける研修、その他外部機関による研修のほか、日々の教育実践や授業研究等の校内研修、近隣の学校との合同研修会、民間教育研究団体の研究会への参加、自発的な研修によって、学び合い、高め合うことが重要となります。

ただし一方で、こうした機能が弱まりつつあるとの指摘もあり、研修内容については、指導伝達方法のものがまだまだ多かったり、講座が細切れになっていたり、大学などとの連携や協働と言いつつ実態として丸投げ状態となっていたり、本当の意味で効果的な研修とはほど遠い内容となっているものも散見されます。

教員が、自らの長所や克服すべき課題を認識し、その資質能力をしっかりと向上させることができるよう、研修の質・量を充実させ、実効性のある資質能力向上の機能をしっかりと強化していくこと、教員一人一人の能力や実績の評価・処遇が適切に行われていくことが重要です。

また、休業制度の活用、長期履修制度、eラーニングの充実等、現職教員が学びやすい環境の整備も必要です。

とくに注意したいのが、管理職の研修です。学校においても会社においても、組織のトップリーダーとして、管理職の役割はきわめて重要です。マネジメントに長けた管理職を幅広く登用するため、現行の服務中心の研修から、学校運営の立場からしっかりとマネジメント力をつけることができる研修にしていくことが必要で、いじめ・暴力行為・不登校等生徒指導上の諸課題を含め複雑かつ多様な課題に対して、マネジメント力を発揮できるリーダーを養成できなければなりません。

また、教育長をはじめとする教育行政に携わる職員の資質能力向上も重要です。教育長を対象としたセミナー等を実施している教職大学院もありますが、今後、関係機関において、このような研修機会を充実することも考えられます。

渋幕・渋渋の教員像

渋幕・渋渋の教員像について、お話しします。渋渋の場合は、もともとあった女子校からの共学化・中高一貫化でしたので、事情は異なりますが、渋幕の場合は、一からのスタートで、生徒集めの前に教員採用から始めました。

その創立当時から心がけ、今も続いているのが、「多様な職業経験を持った人を教員に採用したい」ということです。たとえば当時、英語の教員として、都立高の教員からアメリカに渡り、国務省の通訳に転身された方をわざわざ探し出して、お願いして来ていただきました。また、体育の教員には、オーストラリアに出向いて柔道の指導をされていた方を招きました。

サッカー部の監督の宗像マルコス望さんは、ブラジル出身の日系2世で、元プロのサッカー選手です。マルコス監督のもと、同部は平成12年度の全国高校サッカー選手権大会に千葉県代表として出場する快挙を成し遂げました。

もちろん私学なので、その建学の精神を十分理解していただくことも条件の一つです。それに加えて、国際的な視野と、自分の専門について常に研鑽を積み続ける情熱も大事な選考要素として考えています。

採用にあたっては、筆記試験や模擬授業を取り入れています。教員としての専門的な知識や能力が十分であるかどうかは厳しくチェックします。チェックには、各教科の先生にも加わってもらいます。教師同士で認めてもらう必要があると考えているからです。

また、管理職による面接も重視しています。多様な経験をもつバランスのとれた教師の集まりは、学校の財産です。採用にはすごく気を遣っています。

このようにして、多様性のある教員を集めることができました。ネイティブの先生の数が多く、海外進学希望者にとっては心強い味方になっていることも特徴的です。

また、元新聞記者の方に文章表現を指導していただくなど、教員免許を持っていなくても、授業に参画していただく取り組みもしています。

ところで中高一貫校のなかには、担任が同一学年を6年間持ち上がるしくみの学校もありますが、本校は6年間全員が持ち上がるわけではありませんし、そういうふうに決めているわけでもありません。

意識しているのは、「自分の学年、自分の学級の子どもたちを囲まない」ということです。学年によって雰囲気というものは違っています。学年の雰囲気というのは、すなわち教えている先生方の雰囲気です。子どもたちにとって、担任やその学年の先生以外に学校とのパイプがないのはあまり好ましいことではありません。

そこで、たとえば中学1年生の学級の担任だからと言って、受け持つ授業のうち中学1年生の授業数だけでなく、他学年の授業をお互いに持ち合うしくみとなっています。そうすることで、いい意味で学年色が強く出ることはなくなるのです。

また、先生方も、自分たちが教えている学年のことには口を出しやすいものです。その学年で今何が起きているのか学年の担任以外の先生方も、知ることができます。

コラム7　社会科教諭からのメッセージ

「最近思ったこと」

修学旅行を無事に終えた今日この頃、何故か、はるか昔の自分の修学旅行のことを思い出している。今から考えると何とも不思議な学校で、旅行の行き先は学年ごとに生徒が決めていた。私のときはざっくりと「関西」で、京都の宿を拠点に各班が行けるところに行っていた。私の班は京都・奈良の神社仏閣めぐりをしたような気がする。（中略）

では何故今更そんなことを思い出しているかというと、私はこのときはじめて、「人生はいろいろなんだ」そして、「何も考えていないんだ」と知ったからである。

隣の席に座っていたKさんは、さらっと「私は修学旅行に行かないの」と言った。ピアニストをめざしていた彼女は、3泊4日のあいだピアノに触れないことは考えられないと言った。当時の私には、修学旅行に行かないことの方が考えられなかった。

そして高3に進級した4月、今度は別のニュースが学校中に広まった。T君が仏師になると言って3月末で退学したという。修学旅行で、どこかの寺で運命的な出会いをしたのだろうと友達は言っていたが、そのときT君はもう学校にいなかったので聞くすべはなかった。

しかし、そのときの私はといえば、まだ大学で日本史の勉強をしようとは決めていなかった。勿論、今の仕事に就くことも想像していなかった。

（学年紙『あまおう』No.68 渋渋15期、高校2年より）

必ず誰かのいい先生になれる

教員の研修は、春と夏の2回行っています。今後の教育の方向性とか、日本と海外の教育制度の違い、または、「これから子どもたちに身につけてほしいと社会から期待されている学力とはどういうものなのか」など、テーマはさまざまです。

「いい先生」は生徒の頼りにされるものです。夏休みなど長期休暇を中心に、選択制の課外授業を行っています。この授業で集まる生徒の数によって、その先生がどれだけ生徒に頼りにされているかが、はっきりとわかります。この評価は教員にとって、とても重いもので、それが日々の研鑽へのモチベーションとなっています。

春夏の教員研修で、私も先生方にお話しする機会があります。そこでまずお話しするのは、「すべての子どもに対して、最高の先生になることは絶対できません。それができたら、神様ですよ」ということです。

そして、こう続けます。

「ただ、どんな子にもいい先生になれないという人はいない。必ず誰かのいい先生になれる。それほど人間は多様で、だから教師の役割がある。教師自身が、自分をしっかり見つめ、理解し、それをどのように活かしたらいいか、常に考えてほしい」

そう、口を酸っぱくして言っています。

ご存じのように、渋幕・渋渋では、校外活動の際、「現地集合・現地解散」を基本としています。ただ、それに対応できる子がいれば、できない子もいます。一方、そういう生徒への対応、つまり手取り足取りが得意な先生もいるし、そうでない先生もいます。学校というところは、集団で教えています。教師の多様性を維持していくことも、両校の教育の質を向上させるのに大事な要素だと考えています。

卒業生インタビュー5

どんなフィールドでも通用する教え

田中マルクス闘莉王さん（サッカー選手）

2010年サッカーワールドカップ・アジア最終予選にて（左）（©読売新聞社）

ブラジルから日本へサッカー留学

1998年3月に16歳（17歳になる1か月前）で来日して、翌月からサッカー留学生として渋幕に通い始めました。

僕はブラジルのすごく田舎の出身で、電車に乗ったこともなかったですし、文化も違うので、来日直後は驚きの連続でしたね。食事も口に合わないですし、言葉もまったくわからない。最初は、お水を頼むこともできませんでした。そのうえ、僕はサッカー部を強くするために留学したのに、そちらの方も結果が残せなくて、最初の2年間は本当に辛くて、大変でした。高3になって、日常会話がだいぶできるようになったのが救いでした。

最初に、田村校長にあいさつに行ったときは、僕をスカウトしてくれたサッカー部の監督のマルコス先生に、「おじゃまします」と「失礼します」の二つを教えられてお会いしました。すごく緊張したことをよく覚えています。

来日前、僕は月曜から金曜まで、昼間は事務の仕事をして、夜、学校に通うという生活をしていました。そしてサッカーが好きで、将来の夢はサッカー選手になることでした。その道を開いてくれたのがマルコス先生で、ちょうどサッカー留学生をブラジルで探していたときに、僕を見出してくれました。「二度とないチャンスだ」と思い、両親と相談して来日を決意しました。

僕の父方の祖父母が日本の広島と富山の出身でしたが、ふだんの生活で日本語に接する機会はありませんでした。ですから、最初はまったく日本語がわからない。それでも日本で成功するには、日本人の気持ちと心を理解しないといけないと思ったので、早く日本語を習得できるよう、高校の3年間はほんとうによく勉強しました。

田村校長に学んだこと

はじめてお会いしたときの田村校長は、少し怖そうな印象の方でした。ところが、それは最初だけで、在学中にいろいろ優しく声を掛けてくださり、高３で部活動を終えたときには食事に連れていってくださるなど、ほんとよく気に掛けていただきました。

田村校長が教育者として、とても立派な方だということは知っていましたが、実際にお話しして、心から「すごいな」と思ったのは、話す言葉にものすごく説得力があることです。田村校長は常に、「人は常に進化し、成長し続けなければならない」ということをおっしゃっていました。「決して現状に満足してはいけないよ。さらに次のステップに進まなくては」と。

そういった教えは、サッカーをするうえでも、一般社会で暮らしていくうえでも、共通した大事なことだと思います。田村校長ご自身も、常に先に行く姿勢をわれわれに示していらして、自分も見習いたいと思いました。

田村校長がいつもおっしゃっている「自調自考」という言葉も、強く心に残っています。自ら調べ、自ら考えるということは、自分の行動に責任をとるということでもあると思うのです。いい結果が出なかったのは、自分の準備が十分ではなかったということ。今自分のフィールドは、サッカーのグラウンドですが、渋幕当時の教えは今も十分生かされています。

全国大会へ初出場

僕は渋幕のサッカー部を強くするために来日したので、グラウンドでは必死でした。ただ、周りの日本人の部員たちは、そこまでモチベーションが高くありません。「部活より勉強」という感じでした。ですから、そのギャップでチームメイトともめることもありました。

ただ、3年生になり、自分たちの代が先頭に立つようになったとき、自分が理想としていたサッカーができるようになりました。当時の3年生は、10人に満たないくらいで、数は少なかったのですが、とても人間性のすぐれた仲間に恵まれました。気持ちも強かったですし、僕のわがままなところも受け入れてくれた。それと勉強と部活は両立できるはずだということも理解してくれました。

おかげで千葉県大会で優勝し、全国大会へ初出場することができました。そのときの仲間とは、今も時折連絡を取り合っています。また当時から、男女の生徒の仲がよくて、互いにリスペクトし合っていました。女子の同級生からは、今も応援してもらっています。そういった、いい仲間、友達と出会えたことも、渋幕で得た貴重な財産です。

実は、その年でもって、ブラジルからのサッカー留学生の受け入れを中止する予定だったそうです。僕らの代で結果が残せたことから、受け入れ継続となったのです。ちゃんと後ろにバトンをつなぐことができてよかったです。

人間力を高められる環境

部活の仲間もそうですが、今でもお付き合いさせていただいている、いろいろな先生方との出会いも、貴重な財産です。僕を一人の人間として、成長させてくれたと感謝しています。人間力にすぐれた先生が多かったです。来日直後は、習慣の違いで、次の授業の準備がちゃんとできなくて、先生に叱られることもありました。きちんとしなくてはならないと、気を引き締めました。

あと渋幕の先生方からは、人に見られていなくても、きちんとした生き方をしなくてはいけないということを教わりました。誰かが必ず見ているのだと。僕は神様を信じていますが、それに通じる教えで、とても心にしっくりきました。

僕が渋幕の出身だというと、最近は「勉強がよくできる学校ですね」と言われるようになったのですが、逆にスポーツが振るわないのは、ちょっと残念ですね。僕が今所属する名古屋グランパスにも、昨年（2014年）まで千葉県の市立船橋と流通経済大柏出身の選手がいて、彼らに向かって、「渋幕だって強かったんだぞ」とよく言っています。ただ、長らく渋幕からプロのサッカー選手が出ていないので、早く新しい選手が出てきてくれて、僕を引退させてくれないかなと思っています。（笑）

今の在校生のみんなには、勉強ももちろん大事だけれど、いろいろ経験豊富な先生方との付き合いを通じて、人間力を高めてほしいですね。そういう環境にいられるのですから。

田村校長には、感謝の気持ちしかありません。いくら感謝しても足らないほどです。僕を信用して、育ててくださった。そのお気持ちに恩返しできるよう、残りのサッカー人生を頑張りたいですし、その後も別のフィールドで頑張っていくつもりです。ここ2、3年、しばらく渋幕を訪ねていないので、できるだけ早く訪問したいですね。（談）

田中マルクス闘莉王（たなか・まるくす・とぅーりお）

サッカー選手。１９８１年生まれ。ブラジル出身。２００１年春、渋谷教育学園幕張高校卒業。サンフレッチェ広島、浦和レッズなどを経て現在、名古屋グランパス所属。06年Ｊリーグ MＶＰ。日本代表として２０１０年サッカーワールドカップ南アフリカ大会に出場。ポジションはＤＦ。

8章

お父様方へのメッセージ

父親の出番

理事長を務めている学校法人で幼稚園を経営していることから、ふだんから小さな子どもを持つお母様方と接する機会があります。そのお母様方のふるまいを見て、「われわれ父親は、とても母親にはかなわないな」と思ったことがあります。

自分の子どもが遊んでいる際に転んでひざを打つのを見て、あるお母様は「痛い」とおっしゃったのです。自分のお腹を痛めて産んだからこその感覚です。とても男性には持ち得ない感覚だと思います。

ただ、それは子育てのうえで長所であると同時に、短所にもなりえます。やはり、自分とは違う存在だと意識して子どもと接する必要があります。そこで父親の出番となるのです。

これも幼稚園であった出来事なのですが、遠足のときにお母様方が集まってお金を出して、お菓子をまとめ買いして、それを分けて持って行くことになりました。仕事を持っているお母様が多いので、時間に余裕のある人が買い出しの役割を買って出て、便宜を図ってあげようというのです。

時間があったので、私もその買い出しに付いていきました。すると、ある母親が特定のお菓子だけ買っているのです。聞くと、「これはうちの子が大好きなもので」とお答えになりました。他の子どもさんのことは眼中にないのです。これが母親なのです。これだけ母親から愛情を注いでもらえるから子どもは育つのです。

ただ、第三者の視点が欠けているのは困りものです。そこを埋め合わせるのが、父親の役割なのです。

最近は男性の育児参加も急激に進み、積極的に育児に参加する男性が「イクメン」と呼ばれるなど、随分様変わりしてきました。渋幕・渋渋の保護者会でも、お父様の参加がめだちます。そうした場で、「われわれ父親は、どうわが子の教育と向き合えばいいのでしょう」といった質問をよく受けます。

私も一女二男の父親です。子育てを通じて日々感じたことは、「父親は孤独」ということです。基本、子どもは自分を産んでくれた母親に視線を向けているように思います。

教師としての知見、３人の子の父親としての経験をもとに、わが子に接する際の父親の心得について、私なりにアドバイスさせていただきます。

先行きに見通しがつかない時代

しばらく前——今からひと世代、つまり30年くらい前——までは、「父親は仕事だけしていればいい」という風潮が一般的でした。ところが、今はそういうわけにはいきません。女性の社会進出は時代の趨勢であり、人口減による労働力不足を補うという面からも、夫婦がいずれも仕事を持っているという状況がごく普通の光景となりました。

母親が仕事を持つようになると、当然、家事の負担は父親と分担することになります。仕事も家事もしなくてはならないのが、今の父親であって、当然わが子への教育への関わりも求められます。父親は黙って頷いていているだけでいい、という時代は終わり、母親との協働作業を求められる時代がやって来たのです。

今の子どもたちは、21世紀を生きています。21世紀の象徴的な出来事は、「9・11事件」だと、よく言われます。つまり彼らは、「将来何が起きるかわからない時代に生きている」のです。東西の冷戦も終わり、われわれ日本人の心を揺り動かすようなイデオロギーもありません。

世界的には、イスラミック・ステート（ＩＳ）のような宗教的な動機で過激な行為に及ぶという現象が見られますが、日本の青少年が主体となってそのような行為に及ぶとは、少なくとも現時点では想像できません。青少年というのはイコール未来です。その未来に見通しがつかない状況のもと、青少年の教育をすることほど難しいことはありません。

私たちが生きてきた20世紀は、日本は高度経済成長期にあり、将来において夢と希望を持てた時代で、今とは明らかに違います。ですから、今の時代のお父様は、私たちと違った意識を持っていただく必要があると思います。

秋葉原通り魔事件

将来、未来に対して夢が持ちにくい、何が起こるかわからない時代では、そのツケはものすごい勢いで青少年に回っていきます。その事例の最たるものが、２００８年６月に起きた秋葉原通り魔事件です。25歳の派遣社員がトラックで秋葉原の歩行者天国に突っ込み、通行人をはねたあと、サバイバルナイフで近くにいた人に切りかかり、合わせて７人を殺害した事件です。当時、将来に希望を持てないがための犯行とも報じられました。

実は、同じ先進国のイギリス、ドイツ、フランスといったヨーロッパ諸国でも、深刻な青少年問題を抱えて、国を挙げて悩んでいるという実態があります。そうした対策の一つとして、イギリスでは2000年、当時の労働党・ブレア政権がニート対策として、「コネクションズ」という組織を立ち上げました。

これは、13歳から19歳の青少年を対象に、大人社会への適応や就業について専門のアドバイザーが包括的にサポートする組織です。秋葉原通り魔事件を契機に、わが国でもコネクションズのような組織を作ろうという機運が起きたのですが、残念ながらいつの間にか立ち消えになってしまいました。

先述の事件については、2015年2月、最高裁が被告側の上告を棄却したことで、被告の死刑判決が確定しています。事件発生から7年たっていますが、若者が先行きを見通せないという状況は変わらぬままです。お父様として、こうした現状を踏まえたうえで、青少年問題は簡単に解決できる問題ではない、継続して取り組んでいかなくてはならない課題だという意識をまず持っていただきたいと思います。

大きな耳、小さな口、優しい目

先にも指摘しましたが、今の時代は世の中を支配する強力なイデオロギーは存在しません。未来を見通した夢や志が具体化し、間違いなく現実のものになりそうだという実感も得られない時代です。こうした時代に、子どもたちに何を求めさせ、頑張らせるかを示すということは、至難の業です。

芥川賞作家の平野啓一郎さんも、同じようなことをおっしゃっていました。今の若者はアイデンティティの求め方が、大人の求め方と違うというのです。つまり、単一のアイデンティティではなくて、いくつものアイデンティティを自分のものにしようとしている。その場の状況に応じて、自分を変えていくというのです。そのような状況のなかでは、教育は非常に効果が上げにくいのです。「これでもいい」「あれでもいい」ではなかなか効果が上がりません。「これだ」と言って、一つのことに一生懸命取り組ませるほうが教育の成果は上がるのですが、そうするのがなかなか難しい状況になっています。

このような時代を生き抜くために、どうしたらいいのか。私の結論としましては、手前みそになってしまいますが、やはり「自調自考」だと思うのです。自分で調べ、自分で考えるということで生き抜いていかないといけないと、そう常日頃から生徒に言い聞かせています。

以前、NHKで、プロ野球の元コーチが高校教師になった様子を紹介する番組がありました。その先生が、生徒に対する心構えとして挙げていたのが、「大きな耳、小さな口、優しい目」という三つのフレーズでした。これは父親として、とても大事な心構えだなと思います。

つまり、子どもに接するときに、その話をよく聞いてあげることですね。そして、あまり口を出さないこと。それに加えて、優しい目でもって見守ってあげることが大事だということです。父親の子どもに対する接し方として、それがとても有効だということは、私も経験則からして間違いないと思っています。

とは言っても、やむを得ず口を出さないといけないときもあると思います。でも、それは最後の最後でしょう。

将来の進路の話になると、自分の達成できなかったことを子どもに求めたり、自分の夢を子どもに託したりするお父様がいらっしゃいます。ただ、そうお父様の思うようにはいかないと覚悟しておくのがよいでしょう。親として社会で生きているのですから、思うことは言うべきだと思いますが、子どもがどう受け止めるかは保証の限りではありません。子どもには子どもの人生があるわけですから。

思うようにいかないということをよく理解したうえで、自分はこういう夢を持って生きてきた、これは達成できたけれど、これはできなかったという話をするのは、子どもさんにとってとても参考になりますので、その点ではぜひ話をしてあげてほしいと思います。

大切なのは生活習慣

子どもの発達段階としては、とくに中2から高1くらいまでのあいだに、心身ともにものすごく変わります。その変わっていく過程をしっかりと認識しておく必要があるのですが、実は親がしっかり生活していれば、子どもはそれを見て自分のものにしていくという作業をしている時期があるのです。想像以上に子どもは親を見ています。親がしっかり生きていれば、子どもはそれを見ている。そのことを親は認識しておくことが大事だと思います。

家庭において、子どもたちの日常生活、生活習慣がきちっと行われているかどうかが、その子の成長に大きな影響を及ぼします。それを取り仕切るのは母親ですが、父親の協力がうまくいくための条件の一つであることは間違いありません。

一時期、子どもの学力と家計の収入に相関関係があるという研究結果が話題になりました。いわゆる経済格差が、学力格差というもう一つの格差を生み出すという論です。これについては、非常に説明が不親切だったように感じます。

研究結果を発表した耳塚寛明氏ら複数の国立大学教員から成るチームは、全国一斉の学力調査の結果を受けて、学力調査の点数と子どもたちの生活習慣について、比較してみたわけです。家庭の背景とか保護者の意識や行動で、学力と非常に関係がある項目を取り出すと、次のようなものが出てきます。

「子どもが小さいころ、絵本の読み聞かせをした」

「毎日子どもに朝食を食べさせている」

「ニュースや新聞記事について子どもと話す」

「家には、本（漫画や雑誌は除く）がたくさんある」

「親が言わなくても子どもは自分から勉強している」

「子どもが英語や外国の文化に触れるよう意識している」

「パソコンでメールをする」

「美術館や美術の展覧会へ行く」

「テレビゲームで遊ぶ時間は限定している」

これらの項目については、「YES」の答えと学力は正の相関がありました。

一方で、

「携帯電話でゲームをする」

「テレビのワイドショーやバラエティ番組をよく見る」

「パチンコ・競馬・競輪に行く」

「カラオケに行く」

「スポーツ新聞や女性週刊誌を読む」

などの項目では、「YES」の答えと子どもの学力は逆の相関性があることがわかりました。

そして、前者の家庭の収入が後者の家庭の収入より高かったので、そのことがセンセーショナルに取り上げられたわけです。

しかしよく考えていただくとわかることなのですが、問題の本質は家庭の収入ではなくて、これらの項目ができているかどうかという点にあります。ですから、家庭の収入が低くても、これらをきちんとやっていれば、学力が高いのです。

これらの項目を見ると、ほとんどが生活習慣についての項目です。この点は、父親としてしっかり意識しておく必要があります。

なぜ勉強が必要なのか、子どもに説明できますか?

学習面をサポートしていくうえでの、父親の心構えについても考えてみましょう。

今のお父様方が中学生、高校生だった時代、学習力を高める方法として教師が考えていたのは、教育学的に「行動主義的アプローチ」と呼ばれる方法で、とにかくやらせればいいのだという感じでした。今でもその影響は強く残っています。「とにかく演習しろ」ということで、宿題を出してやらせる。やらせているうちに自然に身につくという考えです。

これは、目標をとくに示す必要がないときには有効な方法です。当時は、社会のコンセンサスとして、生徒のめざすべき目標がありました。しかし、今のように社会が多様化してコンセンサスがなく、あらかじめ目標を示してあげないといけない時代では、その方法は通じません。

たとえば、今の子どもたちにとって、テレビに出演するということは大変なステータスで、スポーツに秀でているとか、料理がうまいとか、何らかのきっかけで仲間がテレビに出たりすると、子どもたちのあいだで一目置かれたりします。実際はそうではないのですが、勉強ができる子より、スゴい子のように見えるのです。

そこから発想が飛躍して、「なぜ勉強しなくてはいけないのですか?」ということになるのです。そうした問いに対して、「行動主義的アプローチ」は答えを持たないのです。なぜかというと、ただ「やれ」というだけだからです。

なぜ勉強＝学ぶことが必要なのか。それは人間が本来、将来を知りたいという本能を持っているからです。ドイツの文豪・ゲーテの戯曲「ファウスト」では、主人公のファウスト博士が、自分の将来を見通す力を悪魔からもらうために、自分の魂を悪魔に売り渡します。その筋立ては、自分の魂を売り渡しても惜しくないくらい、人間には将来を知りたがる本能があるということを明示しています。

その本能を満たしてくれるのがサイエンスなのです。近・現代西欧流のサイエンスは、「天文学の父」と呼ばれるガリレオ・ガリレイから始まったと言われています。その彼の系譜を引き継いだのが、微分積分を考え出したアイザック・ニュートンたちです。彼らのおかげで、少なくとも天文学において人間は、５年先、10年先を予言できるような力を身につけた。それで人間はサイエンスに夢中になるのです。

将来を予測する力を身につけたいという気持ちからサイエンスという学問ができ上がっていき、それが人間の生活を豊かにしていきます。サイエンスが、われわれの暮らしを支えてくれている。では、あらためてサイエンスは何によって支えられているかというと、それは勉強＝学ぶことなのです。

話を整理しますと、人間は本来、将来を知りたいという本能を持っている→その本能を充たしてくれるのがサイエンスである→そのサイエンスは、勉強＝学ぶ姿勢によって支えられている、ということになります。

「やる気」をいかに引き出すか？

さて、学力の基になる力の６〜７割は意欲だと言われています。人間の能力にはそう違いはないので、勉強に対して意欲的な人が結果を出すのは自明のことです。そこで、子どもの「やる気」をいかに引き出すのか？　という問題に突き当たります。

「やる気」については、最近の心理学では「自己実現」という言われ方をしています。自分が生きているというのは、本来自分が持っているものを表に出すためなのだという考え方です。人間は「自己実現」を完成するために生きているのです。こう考えると、生きていることの意味が明確になります。

この説を唱えたのは、アメリカの心理学者のA・マズローで、一般に「マズローの自己実現理論」と呼ばれています。私は毎年、高校1年生の校長講話で、この理論を取り上げるようにしています。

DNAは生命活動の設計図と言われますが、全員のDNAが違っています。その人が亡くなったら地球上に自分の代わりの役割をする人はいません。それぞれ違うDNAを地球上の62億人が持っていて、それぞれが地球上で唯一のDNAなのです。

そのDNAのもとで生命活動をして、そのDNAが考えている自己実現を果たす。それをしないと、他にやる人は誰もいない。だから生命は貴重だし、それが自己実現の基で、やる気の基なのです。勉強することも自己実現の手段の一つです。そして「やる気」とは、広い意味での人間関係（友人・読書など）から生み出されるものと考えています。

父親が学校を変える！

冒頭で指摘しましたが、最近は子どもの教育についての父親の参加が進んでいます。渋幕・渋渋でも、そうした現状に沿って地区懇談会といったお住まいの地域別の会合はお父様方が参加しやすいよう土日に開催しています。

学校という組織は、放っておくとどんどん閉鎖的に内向きになっていくものですから、お父様方が関わってくださることによって教育現場の風景はだいぶ変わってくると思います。

その点、本校は保護者の皆さんに対して、オープンであろうとしています。学校で開催する講演会や平素の授業も原則全公開としています。

また、学期に一度は学年保護者会が開かれ、保護者の方のご意見をふまえて、卒業生を呼んで講演会を開くなどの活動も行っています。

お父様方には家庭内で役割を果たすと同時に、ぜひとも学校行事や保護者会にも参加していただき、積極的に発言していただきたいと思っています。

資料3

世界一聞きたい朝礼
――校長講話ドキュメント

筆者　山田清機（ノンフィクション作家）

校長は立って歩き回り、生徒は座って話を聞く

「今日の主人公はこの人です」

講話の冒頭、田村が指し示したのは、千円札に使われている夏目漱石の写真の原版である。それを拡大したコピーが、ホワイトボードに貼られている。

9時30分から始まった講話は、一般的な朝礼のスタイルとは、まったく趣を異にする。メモリアルホールと呼ばれる体育施設内で行われる渋渋の講話では、生徒の方が階段状の座席に座り、田村がマイクを持って歩き回る。時に生徒に対して意見を求め、ホワイトボードに重要な言葉を書きつけていく。講演会に近いスタイルである。田村が言う。

「写真などを使うのは、ともかく生徒を飽きさせないための仕掛けです。時にはクラシックのCDをかけたりもしますが、『頭がよくなるショパン』なんてものを使う。頭がよくなると言えば、うちの生徒は興味を示しますからね」

いかにして生徒の気を引き、最後まで話を聞いてもらうか。そのための工夫を田村は怠らない。

「みなさん、今日の講話のテーマは、『14歳、自我のめざめ』です。この年代は、ひとりひとりが違うことに気づき始める年代。人間って、全員違うんだよね」

中学2年生＝14歳。生徒の年齢、心身の発達段階に合わせたテーマが提示される。背後にあるのは、1980年代に始まった発達心理学に関する田村の深い造詣だ。心理学の分野だけで受容されてきたその成果を、学校教育の場で実践してみたい。それが、校長講話にかける田村の意気込みである。

資料として貰った校長講話のシラバスを見ると、中1から高3まで、学年ごとに大テーマが設定されており、それをブレイクダウンした1回ごとの小テーマが記されている。校長講話は学期あたり2回開催されるから（3年生の3学期のみ1回）、渋渋の生徒は卒業までに合計35回の校長講話を聞くことになる。

ちなみに、中1から高3までのテーマを並べてみると、中1「人間関係」、中2「自我のめざめ」、中3「新たな出発」、高1「自己の社会化」、高2「自由とは」、高3「自分探しの旅立ち」である。

子供から大人への発達途上にある中高生にとって、いかにも重要なテーマが並ぶ。こうした重いテーマに対する自身の見解を、思春期という難しい時代を生きる生徒の心に送り届けることは、至難の業であるに違いない。

膨大な読書量からネタが生まれる

漱石とは、「枕流漱石」という故事から取った筆名であり、負け惜しみの強い人間であることを表明していること。本名は金之助であること。漫画家の夏目房之介は漱石の孫であることなどをサラリと語り終えると、田村の話は、漱石からいきなり予想外の方向へ飛んだ。

「人間がひとりひとり異なることは、ワトソンとクリックがＤＮＡの発見によって証明しました。彼らは、たった一枚のA４の紙にDNAの二重らせん構造を記述して、ノーベル賞を貰ったんだね」

自我というテーマに漱石を援用するならば、『私の個人主義』を引き合いに出すのが順当だろうと筆者は予測していたのだが、田村の講話はなんとも柔軟に展開していく。そして、こうした話題の飛躍にも、明確な意図が隠されているのである。田村は言う。

「学問に文系と理系という区分を持ち込んだのはデカルトですが、C・P・スノーは、それが人類にとって大きな危機であることを指摘しました。漱石の話の後にDNAの話を持ってくるのは、文理の分離に対する私なりの対応なのです」

それにしても、田村の知識は幅が広い。講話の材料を仕込むには、相当な量の読書が必要だと思うが？

「四大紙の書評欄には毎週必ず目を通し、気になった本はすぐに買い求めます。最近読んだものでは、『ミトコンドリアが進化を決めた』（みすず書房）が抜群に面白かったですねえ」

講話のシラバスには、その回に取り上げる書籍の名前が記されている。高３の１学期のシラバスから書名を抜き出してみると、以下の通り。

『人権に関する若干の覚書』（佐藤幸治）。『技術と文明』（西垣進）。『人間であること』（田中美知太郎）。『夕陽妄語』（加藤周一）。『知のモラル』（樋口陽一）。『正義を求める心』（西研）。

正直言って、筆者は一冊も読んだことがない。そして、高校生が読むにしては、かなり難しい内容ではないかと推測する。だが、生徒に尋ねてみると、「講話で取り上げられた本で興味のあるものは読んでみる」との返事だった。東大合格者数の実績には、やはり校長講話が大きく影響していると思わずにはおれない。

大切なのは問答すること

ＤＮＡと環境が個々の違いを生み出すという議論から、講話は、大人と子供の違いへと進んでいく。大人とはいったい何か？　そう問われると答えに詰まる。田村は生徒にインタビューを開始した。

田　村「大人と子供、どこが違うと思う？」
生徒Ａ「お金を稼げるかどうか」

生徒Ｂ「責任があるのが大人」
生徒Ｃ「大人は自立していると思う」
田　村「うん。先生も大人と子供の違いは、自立と依存という点にあると思うな」

自分で考え自分で行動し、その結果に責任を持つ。それが自立であり、自立しているのが大人だと田村は語る。そして、自分の考えを行動に移そうという自信の根拠になるもの、それが自我だ。

「自我は、心理学ではアイデンティティーと呼びます。自分はこれでいいんだという確信だね。そして、明確なアイデンティティーを持てずにいると、人間は『この人生でよかったのかな』と常に思い悩むことになってしまう。心理学者のユングがそう指摘しています」

撮影担当のカメラマンが、「その通りだよなぁ」と嘆息をつく。筆者も同感。田村の講話は、大人が聞いていても胸に響く内容なのだ。では、自我を確立するにはどうすればいいのか？　田村が強調するのは、問答の重要性である。

「生徒に自分の頭で考えさせようと思ったら、問答をするのが一番いいんですね。立花隆が無人島で生活した体験を書いていますが（『思索紀行』）、他者が存在しない環境では、人間は食べ物のことしか考えなくなる。思索をしないのです。個として思索し自我を確立していくためには、他者の存在が不可欠なのです」

田村が、講話の途中で生徒にインタビューをする理由はここにある。問答を仕掛けられることで、生徒は単なる聞き手であることをやめ、能動的に思索を開始するのだ。講話は佳境に突入していく。

「キューブラー・ロスという精神科医がいました。彼女は膨大な量の自殺した人の日記を調べたのですが、共通した傾向があることに気づきました。それは何か。自殺者の日記には、自分のことしか書かれていなかったのです」

ホールが、水を打ったように静まり返る。生徒たちは懸命にメモを取っている。私語をする生徒はひとりもいない。

「人間は自分のことだけ考えていると、自殺してしまう。アイデンティティーを確立し、自分はこれでいいんだと確信を持って生きるためには、どうしても他者の存在が必要なんだね。アイデンティティーを持つために重要な役割を果たすもの、それが友達です」

田村によれば、生徒からの反響が最も大きいのが、このロスの話だという。

そして、冒頭に登場して以来、とんと御無沙汰だった漱石山人が、ようやくここへきて復活を遂げる。田村による漱石の使い方は巧みだ。読書を通して、漱石という〝過去の友人〟に出会えるというのである。田村は漱石が憂慮した〝日本人と個〟という問題に迫っていく。

「漱石は明治を生き、大正5年に亡くなった作家ですが、われわれは書物を通して漱石と友人になれます。実は、『個人』という言葉は明治18年にできた言葉ですが、個は、人偏に固と書くでしょう。アイデンティティーと重なる言葉だね。漱石は個人として思考することの重要性を生涯にわたって考え抜いた人です」

言葉の生い立ちを語り、本当の意味を伝える

田村は講話の要所要所で、この「個人」の例と同様に、言葉の原義にさかのぼった解釈を生徒に披露する。田村は言う。

「たとえば『自由』という言葉も明治時代にできたのですが、明治切っての英語の使い手だった福沢諭吉はLibertyを『寛政』と訳していました。しかし、西周が平安時代からある『自由自在』という言葉から『自由』の二文字を取って、Libertyの訳語としてしまったという説があります。その結果、日本人は『自由』を『わがまま勝手に何をやってもいい』という意味に誤解してしまった。では『自由』の本義は何かといえば、自己決定という意味であり、民主主義の根幹をなす考え方なのです」

田村は、こうして言葉の生い立ちを生徒に語ることによって、言葉の表層的な解釈をはぎ取っていくのだという。

「言葉の潜在下の意味を確認し、それに分析を加えて生徒に伝えていく必要があります。『自由』という言葉ひとつとっても、常に本義に立ち戻って考えさせないと、生徒は誤った行動を取ってしまう。『自由』を、自分勝手でいいのだと解釈すると社会は成り立たない。ベンジャミン・フランクリンが言うように、自己拘束力を持った人間の集団でなければ、自由な社会を作ることはできないのです」

田村は、漱石の「個」に続けて、福沢諭吉の「一身独立して一国独立する」という言葉を引用し、個人の自立が国家の自立の基礎となるという議論に発展させていく。

「ひとりひとりが自分の考えで生きるといっても、何をやってもいいわけではありません。考え、行動し、責任を取ることが大切です。民主主義の根本には人権思想がありますが、人権思想とは、『自分の人生を自分の責任において自分で作ろう』という考え方なんだ。大人になるって、そういうことなんじゃないかな」

千円札の写真の原版に始まった講話は、古《いにしえ》の作家、科学者、哲学者、医師の思索を総動員しながら、わずか45分間のうちに、みごと自我に目覚める年代が進むべき方向を示唆するところまで辿り着いた。

ホールを去っていく生徒たちは、何か重い宿題を課せられたような表情である。田村の言葉は、なぜここまで深く生徒の心に浸透するのだろうか？

「私は、いまの子供たちはとても複雑な時代に生きていると思っています。現代には強烈なイデオロギーもなければ、宗教もない。自力で生き方を考えなくてはならない。『自調自考』って、本当は辛いことです。一方で今の子供は、連帯や共感ということをとても大切にします。差別的な表現にも敏感で、私が『父兄』と言ったら、『父母』と言うべきだと強い抗議を受けたことがありました。こうした子供たちの感受性を尊重しないと、生徒に言葉を伝えることはできないのです」

生徒が置かれた状況に深い共感を示し、慎重に言葉を選んでいく。〝世界一聞きたい朝礼〟の根底には、生徒に向ける田村のデリケートな眼差しがあった。

（初出『使える日本語〈セオリービジネス〉』講談社、２００８年より抜粋）

おわりに

この原稿を書いている今、ラグビー世界一を決める2015年第8回ワールドカップ・イングランド大会で、優勝候補の南アフリカチームに日本チームが勝ちました。南アフリカといえば、過去5回出場し2回優勝した強豪です。

英国各紙は「W杯史上最大の衝撃」と破格の扱いで報じました。

BBCも試合の内容を繰り返し報道しているそうです。

日本チームはW杯で過去1回しか勝ったことがありませんから、世界中が驚いたのも当然ですが、日本人としてはまことに明るいニュースでした。

ここで日本チームの代表メンバーの構成を見てみましょう。

31人中、外国出身者10人、そのうち主将を含め5人は日本に帰化しています。

3年以上滞在していれば、その国の代表選手としての資格があるというラグビーチームの「ルール」によるチーム編成と言えるでしょう。

歴史を変えたこのニュースは、何が起こるかわからないグローバル時代の象徴と言えるのではないでしょうか。

そして、これからの時代を生き抜く青少年たちにとっても、この出来事は大変示唆に富んでいます。

グローバル時代には、自分たちが育った文化（国、地域、民族等）への理解が第一に求められます。そして世界中が境目なく交流するところでは、それぞれの国（地域、民族等）の文化的アイデンティティが求められると同時に、それらの交流による新しい価値が生み出されることが常態となるのです。

本文中で私は、個性を求めると同時に多様性に対する寛容が必要だと述べましたが、日本チームのメンバー構成はその具体例です。

私たちの青少年に対する初等中等教育でも、この理解が基本とならねばならないでしょう。まず、各国（地域、民族等）のアイデンティティを考える際、私はそれを「心の習慣」と名付けたいと思います。

英語で言うところの「Habits of Heart」です。

ロバート・N・ベラー（元カリフォルニア大学バークレー校教授）は、同名の著書『心の習慣――アメリカ個人主義のゆくえ』（みすず書房）で、アメリカという国の文化特性を説明する表現として、この言葉を使用しています。由来は、新興国アメリカの１８３０年代の分析として名高い名著『アメリカの民主主義』のなかで、アレクシス・ド・トクヴィル（仏・社会学者）が、アメリカ人のモーレス（習慣）を「心の習慣」と呼んだことにあります（注）。

私は、日本人の「心の習慣」こそが21世紀を生きる日本人青少年にとって、大切な民族的アイデンティティとなることを願っています。

誰が見ていても、いなくても、きちんとした「自己認識」をしたうえで、正しい「心の習慣」に従って考え行動することができる日本人が育ってほしいものです。

さらに言えば、この「心の習慣」こそが、21世紀日本人の道徳教育の中核に据えられるものとなることを願っています。

この「道徳的自己意識」こそが、日本のこれからの道徳教育の中核にあるべきと考えてよいでしょう。

本書を読まれた皆様が、日本人の「心の習慣」＝お天道様意識（いつでもどこでもお天道様は見ているよ）を思い出してくださることになればうれしいです。
１８５３年浦賀に来航し開国を求めたペリー提督は、当時の日本人が庶民の一人一人に至るまで、決して人のものを盗まないことに驚きました。そして、彼がその航海日誌に書き残した言葉、「誇り高き日本人」を私たちは今、嚙みしめるべきでしょう。

この本を出版するにあたっては、中央公論新社特別編集部（ラクレ担当）の黒田剛史さん、読売新聞東京本社メディア局編集部の二居隆司さんのお二方に大変お世話になったことを深く感謝いたします。
そして最後に、結婚以来、３人の子どもを立派に育てながら、私を支えてくれた妻和子にあらためて心から感謝のことばを贈ります。

注　トクヴィルは「アメリカ人は全員個人主義者である。しかし不思議なことに自分のことしか考えないアメリカ人たちは全員共通するモーレス（習律・心の習慣）を持っている。そしてこのモーレスを共有していることがアメリカの民主主義を支えている」と述べています。

そしてアメリカ人が共有している「アンフェアであることを嫌う」といったような「心の習慣」は、アメリカ文化の特性を形作る基本となっています。

参照文献

田村哲夫著『心の習慣』東京書籍、1998年
リチャード・ホーフスタッター著、田村哲夫訳『アメリカの反知性主義』みすず書房、2003年

ラクレとは…la clef＝フランス語で「鍵」の意味です。
情報が氾濫するいま、時代を読み解き指針を示す
「知識の鍵」を提供します。

中公新書ラクレ
543

教《おし》えて！　校長先生《こうちょうせんせい》
渋谷教育学園《しぶやきょういくがくえん》は
なぜ共学《きょうがく》トップになれたのか

2015年11月10日初版
2020年 3 月30日再版

著者……田村哲夫《たむらてつお》

発行者……松田陽三
発行所……中央公論新社
〒100-8152 東京都千代田区大手町 1-7-1
電話……販売 03-5299-1730　編集 03-5299-1870
URL http://www.chuko.co.jp/

本文印刷……三晃印刷
カバー印刷……大熊整美堂
製本……小泉製本

Published by CHUOKORON-SHINSHA, INC.
Printed in Japan　ISBN978-4-12-150543-9　C1237

中公新書ラクレ　好評既刊

L599 ハーバード日本史教室
佐藤智恵 著

世界最高の学び舎、ハーバード大学の教員や学生は日本史から何を学んでいるのか。『源氏物語』『忠臣蔵』から、城山三郎まで取り上げる一方、天皇のリーダーシップについて考えたり、和食の奥深さを学んだり……。授業には日本人も知らない日本の魅力が溢れていた。アマルティア・セン、アンドルー・ゴードン、エズラ・ヴォーゲル、ジョセフ・ナイほか。ハーバード大の教授10人のインタビューを通して、世界から見た日本の価値を再発見する一冊。

L616 読む力
——現代の羅針盤となる150冊

松岡正剛＋佐藤 優 著

「実は、高校は文芸部でした」という佐藤氏の打ち明け話にはじまり、二人を本の世界に誘ったセンセイたちのことを語りあいつつ、日本の論壇空間をメッタ斬り。既存の価値観がすべて潰えた混沌の時代に、助けになるのは「読む力」だと指摘する。サルトル、デリダ、南原繁、矢内原忠雄、石原莞爾、山本七平、島耕作まで?! 混迷深まるこんな時代だからこそ、読むべきこの130年間の150冊を提示する。これが、現代を生き抜くための羅針盤だ。

L638 中学受験「必笑法」
おおたとしまさ 著

中学受験に「必勝法」はないが、「必笑法」ならある。第一志望合格かどうかにかかわらず、終わったあとに家族が「やってよかった」と笑顔になれるならその受験は大成功。他人と比べない、がんばりすぎない、子供を潰さない、親も成長できる中学受験のすすめ——。気鋭の育児・教育ジャーナリストであり、心理カウンセラーでもある著者が、中学受験生の親の心に安らぎをもたらす「コロンブスの卵」的発想法を説く。中学受験の「新バイブル」誕生！